JN410014

별처럼 멀리 와서

서석조 기행시조집

교음사

책 머리에

중남미여행을 다녀온 사람들은 경험상 배낭여행을 하는 것이 좋다고 한다는 말을 들었지만, 혈기 방장한 젊은 세대가 아니고서야 엄두도 못 낼 일.

한데, 느닷없이 서울 사는 고교 동기동창 친구(유원배 - 여행 단장)가 중남미 배낭여행의 단원으로 스카우트하고 싶다고 전화 연락이 와서 이게 웬 떡인가 하고 앞뒤 가리지 않고 단번에 응낙을 하고 말았고,

그에 지난해(2016년) 동기 6명의 여행단이 꾸려져서 10월 25일부터 12월 8일까지 일생일대의 멀고, 길고, 높고, 넓은 신천지를 체험하게 되는 45일간의 중남미 9개국 배낭여행의 대장정에 오르게 된 것입니다.

멕시코를 필두로 쿠바, 페루, 볼리비아, 칠레, 아르헨티나, 우루과이, 파라과이, 브라질을 여행하면서, 하루에 적게는 만 보, 많게는 삼만 보 이상을 걷는 강행군이었으니 웬만한 체력이 아니고서는 견뎌내지 못할 대장정의 결행이었습니다.

하지만 욕심대로의 여행과 소요비용의 절감 차원에서 발품을 팔지 않을 수 없는 일이었고, 오히려 건강증진의 기회로 삼자는 견지에서 예순 중반의 연령들임에도 보무도 당당하였던 것입니다.

사람살이는 어느 나라나 한가지로 참 뜨거웠으며, 나눠주고 양보해 주고 값 깎아주고 모르는 길을 친절히 가르쳐주었습니다.

그 눈에 보이는 모두가 새롭고 경이로워서 그때 그때의 감흥을 사진과 글로 새겼습니다. 밤잠을 줄여가면서까지.

여행단장을 비롯해 함께한 친구들에게 고마움을 전하며, 그 순간순간들을 길이 간직함과 아울러 대중과의 공유를 위하여 객쩍음을 무릅쓰고 한 권의 책으로 묶어냅니다.

2017년 8월, 쪽빛 가을 하늘을 그리며

저자 서석조

| **서석조** 기행시조집 |

멕시코 - *너희 죄를 사하노라!*

쿠바 - *따르라! 탐미하여라!*

페루 - 높여라! 나를 높여라!

볼리비아 - *산이여! 높아만 져라!*

칠레 - *아카시 저리 피는가!*

아르헨티나 - *물 흘러 사람 흘러*

우루과이 - *미루나무 저 길 끝*

파라과이 - *아재요! 아지매요!*

브라질 - *긍휼히 보듬으셔*

여행길에 오르며

- 여행 기간 : 2016. 10. 25~12. 8.
- 여행국 : 멕시코, 쿠바, 페루, 볼리비아, 칠레
  아르헨티나, 우루과이, 파라과이, 브라질

큰 딸

부산역 새벽 다섯시 인천공항행 KTX
광속으로 내달려 마실 물 사온 큰 딸이
메마른 셈법 두뇌에 뜨건 피를 돌린다

인천공항에서

출국장 벤치에서 폰을 보고 있노라니
덩치 큰 백인 남녀가 엑스큐즈미 쏘리! 쏘리!
뻗쳐둔 다리 거두며 너 우리 니 니희 땅

친구 여섯 명

민성 상근 원배 창현 홍선 석조 친구 여섯 명
건망증 방지책으로 줄 매단 폰 목에 걸고
필생의 중남미여행 그도 벅찬 배낭여행
일 놓은 혈기방장 이순을 어이하리
한 달 반 별천지에서 나 비워 너 채우면
가변 몸 펴진 나래에 환히 빛날 우리 여일

카톡 카톡

남미행 중간 기착지 일본 나리타공항
와이파이 연결에 한참 애를 먹은 뒤에
환하다, 잘 다녀와요 카톡 카톡 아버지!

글로벌 코리아

도쿄에서 샌프란시스코 747 비행기 안
"한국어" 명찰을 단 예쁜 승무원 처녀
왜냐고 물어봤더니 미국 이민 6년차라
글로벌 코리아에 영어쯤은 나 몰라라
우리말 술술 풀어 예쁘다 칭찬하고
받아든 커피잔 속에 코를 한참 박아보다

저 반쪽 북녘 동포

매지구름 잔뜩 실은 샌프란시스코 공항
멕시코행 게이트의 뭇 사람을 헤아리다
설워라, 죽어도 못 올 저 반쪽 북녘 동포

말 몰아 휘달려가며

멕시코행 비행 아래 펼쳐지는 무한 대지
가뭄에 콩이 나듯 농지 점 점 황무지여도
말 몰아 휘달려가며 우리 땅을 긋고 싶다

한치의 땅도 갈아 아주까리 심어 좁던
못다 한 그 북벌에 남북 따로 갈린 오늘
버려진 저 황무진들 무궁화꽃 못 피우랴

UNITED

멕시코 편

너희 죄를 사하노라!

치첸이사 엘 카스티요

박새처럼 날아와서

- 멕시코시티 · 1

삼만 리 먼 이역 멕시코시티 포탈레스에
니사라는 아가씨의 머루 빛 큰 두 눈동자
한번 쿵 발을 울리면 옹달우물 찰랑댈 듯

김병훈의 민박집에 박새처럼 날아와서
마야문명 공주일까 동방 남자 홀리는 눈
한국인 아내 된다기 이 밤 같을 그 첫날밤

VOTA
2
MOMENTO

민주가 살아 숨 쉬는

- 멕시코시티 · 2

1

비만한 체형에다 터질듯한 둔부의

프란치스코 마데로 한낮 거리 여자들

신비한 문물은 어디 눈길 자꾸 이끌려

2.

너덧 걸음 간격으로 줄지어 선 호객꾼들

귀걸이 코걸이에 입술 걸이 화려해도

맛보아 지나쳐가는 눈길 끝 아리다

3.

부패한 대통령은 자리에서 물러나라

경찰들의 호위 아래 부르짖는 시위대로

민주가 살아 숨 쉬는 이 거리여 영원하라

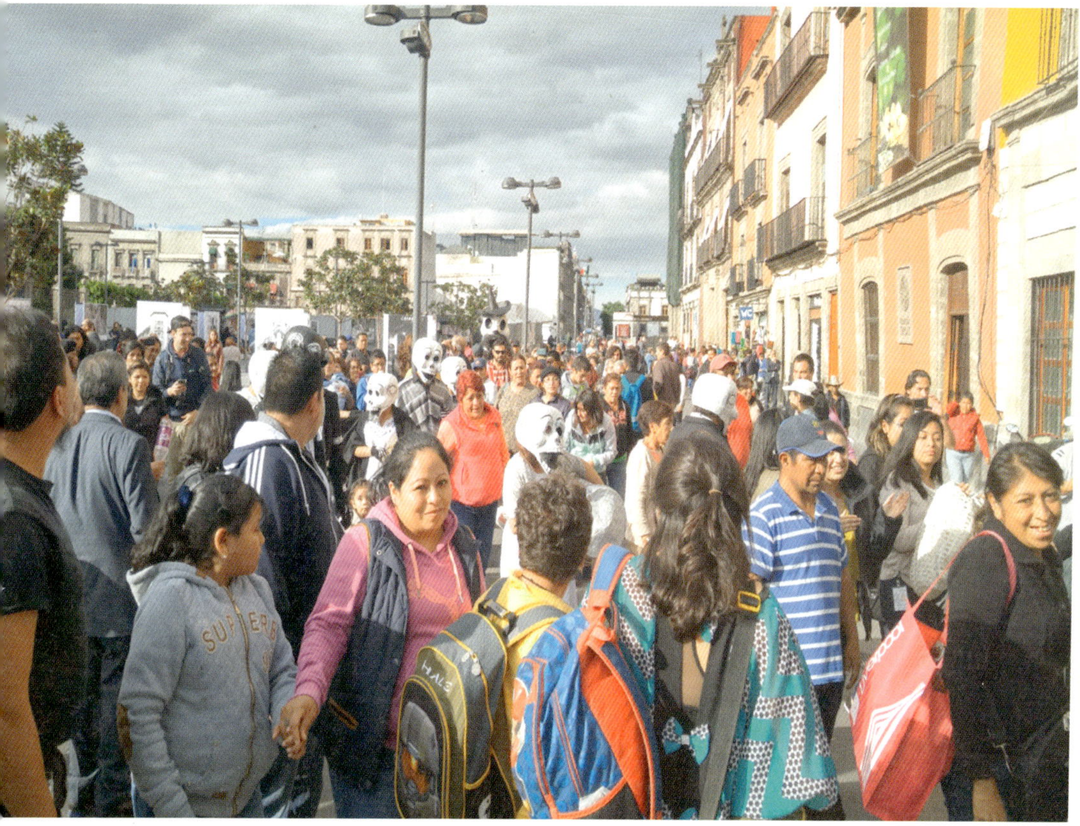

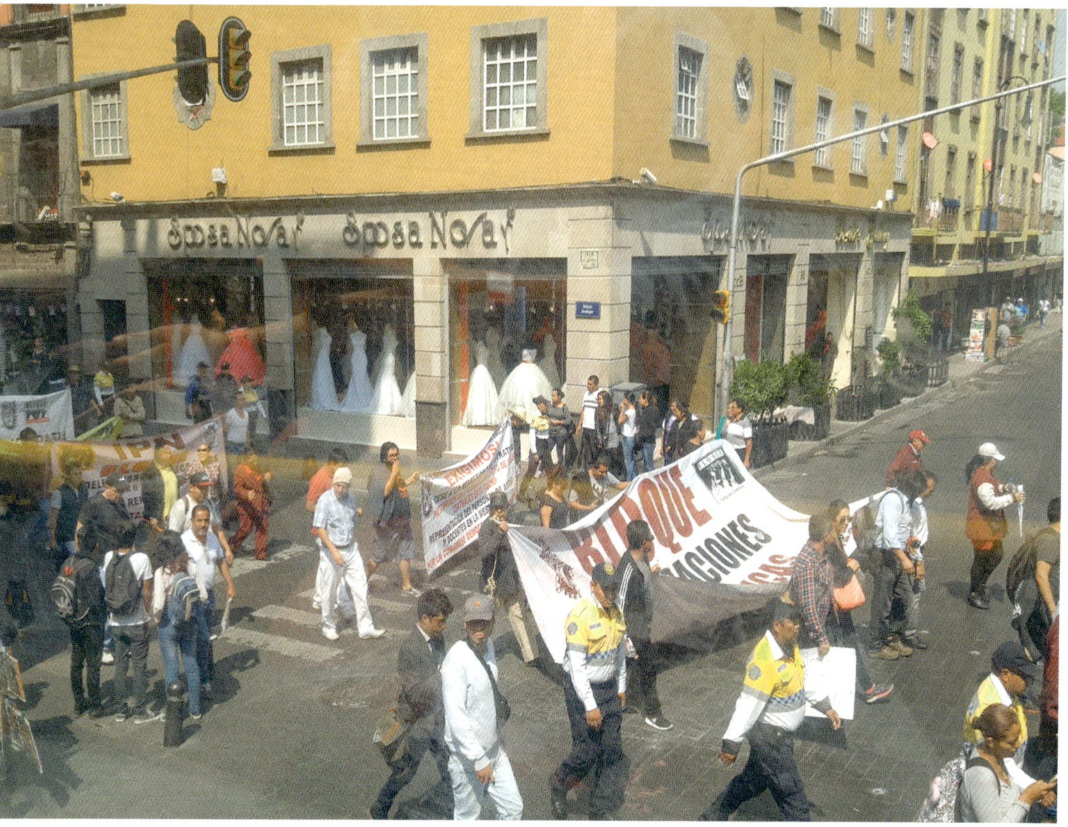

멕시코대성당
- 멕시코시티 · 3

한낮을 울려대는 종소리가 청아하고
너희 죄를 사하노라 눈 맑아진 후예들이
소칼로 한복판 우뚝 깃대를 세운 오늘

대성당 지하 깊이 생매장한 정복자여
보아라 오백 년에도 감지 못한 저 눈을
앞마당 유리판 아래 돌 귀퉁이 아스데카

마야문명, 테오티우아칸

- 멕시코시티 · 4

1.
무기록 무언의 역사 마야문명의 유적
테오티우아칸에서 말문 아예 닫아걸고
불가해不可解 넋을 놓는다 돌에다 돌 신에다 신

2.
달은 달 해는 해의 높이까지 오르리라
산 자는 단을 쌓고 죽은 자는 길 닦아라
제사장 엄한 율령에 명멸해간 억만 생령

3.
칠백 년 영화였기 이제 그만 돌아가자
남자는 여자 업고 여자는 아기 업고
훗날의 우리 후예는 오늘을 경배하리

테오티우아칸의 태양의피라미드

모를 일

- 칸쿤 · 1

61명의 콩나물시루 같은 버스를 탄
마야문명 엘 카스티요 열두 시간 관광길
동서양 낯선 사람들 비좁게 섞여 앉아

쉬지 않는 가이드의 판촉활동 진저리에
왜일까 기념품점 판매원을 마주 보자
살가운 맘 일어나며 기분 살랑 좋아지는지

그를 닮은 마야 상을 견주어 사진 찍자
당신이 더 닮았다며 좋아라 웃으대니
모를 일, 한 조상 아래 다른 땅을 살았는지

MAYA

치첸잇사 엘 카스티요

- 칸쿤 · 2

멕시코 유카탄반도 치첸잇사 엘 카스티요
싸움에 이긴 자의 산 심장을 먹여 키운
쿠쿨칸 신의 주술이 해를 달궈 뜨겁다

돌 깎고 돌 세우고 돌 굴리고 돌 쌓아
왕은 자꾸 더 높여라 채찍질을 해대는지
등골이 드러난 사원 뭇 메아리가 덧 쌓인다

찬양하는 마야문명 그 죽음이 얼마인가
새겨진 해골담장이 끝 간 데 없이 숨차서
후예는 코를 낮추고 해원의 조각을 한다

돌아갈 저만큼에 우리 집들의 안락
삶이란 저잣거리의 허기 깁는 노역이라
뒤돌아 지갑을 열고 돌칼 하나 매만진다

보시나요 달
- 칸쿤 · 3

우리의 반대편인 이 한여름 칸쿤의 밤

숙소의 테라스에 초승달이 반짝 떠서

아 그대
보시나요 달

우리 하나인 저 달

여인의 섬

- 칸쿤 · 4

나 그대 가슴 언저리 턱없이 꿇어앉아

카리브 해 한 여울 저 갈증을 어이하나

오지를 말아야 했을 이 야윈 박동으로

그래그래 여인이여 남성 없인 그대 없지

야자를 으깨어서 등목하는 위용이라면

나 마냥 모래를 쌓아 북두성에나 닿을까

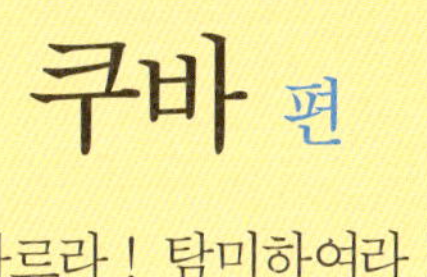

쿠바 편

따르라! 탐미하여라!

아바나 전경

아바나

긴 세월 허기지고 거센 바람 몰아쳐도
잠자듯 한 고른 숨결로 누워있는 대평원
곱다시 피를 끓이며 까치발을 들 수밖에

센트로 아바나

뒷골목 어두운 거리 호젓이 비 내린다
검은 색은 희어지게 흰색은 검어지게
방치 된 긴 세월 딛고 비행기가 나른다

인터넷이나 와이파이는 어느 별나라 통신
무너지고 부식하여 이끼 서린 집들인데
몸집 큰 시뇨리타가 천진난만 웃고 있다

밀려난 집, 아바나

체 게바라, 카스트로, 굶주림은 면해야지
오십년대 자동차가 경적을 울려댈 때
소나기 난데없어라 환전소에 묶이는 발

타고르가 모셔져서 파도가 잦아들고
칠레에서 온 신사가 말을 걸어오는 사이
뒷골목 저 밀려난 집, 눈 코 입 다 뭉개져

TAGORE

Nurmi's Café
CHARCUTERIA
BRAVO
LOS FORNOS
Usted dirá lo mismo...

요새, 아바나

전쟁의 역사는 그 유물만 남겨놓은 채
그 병사 그 가족 그 전몰은 어느 하늘에
모로와 산살바도르 산까를노스 저 요새

인민이여 노래 불러라 포신들의 거리에서
싸늘히 거꾸로 박혀 그날들을 증언하며
이방의 사람들이야 흉물로나 보든지

모로요새

모로요새 대포

오비스포 거리

저 친구 와저라노

쿠바 체류 삼 일째 비날리아스 가는 길
새벽별 올려보며 신바람 걸음새에
아이쿠 큰일 났구나, 신발짝이 짝짝이네

세상에나, 각각 한 짝 등산화에 슬리퍼
화들짝 되돌아 뛰는 친구의 건망증에
한바탕 배꼽을 잡고, 저 친구 와저라노!

비날리아스

비날리아스 가는 길에

아바나 외곽으로 네시간의 버스 거리
드넓은 평원으로 수목 울울 물 철철에
바나나 약간의 농사 저 여유론 비옥토

시가 담배 말아 팔며 가난쯤은 노래와 춤
꼬레아 꼬레아세울 가락 실은 엄지 척에
이 나라 밝은 미래가 가뭇없이 그려져

비날리아스

놀라운 만남

송예설, 정승아, 고려대학 3학년 둘
아바나 비스포 거리 이 먼 곳의 만남에서
노년은 소녀에 놀라, 소녀는 노년에 놀라

일본식당 간판 보고 우동 국물 생각난 게
그 비록 허사여도 우리 뜨건 만남이라니
헤어져 돌리는 발길 별 총총 빛나는 밤

해밍웨이의 코히마르

헤밍웨이, 그가 살던 갯마을 코히마르
흉상을 쓰다듬어 그가 문득 반가운지
삼 악사 꼬레아 웰컴 젖은 땀이 싹 마른다

노인과 바다 그 황새치가 뛰려는지
파도는 갈기 세우고 한 청년은 낚시 넌져
창연한 등대에 기대 돌아갈 때를 놓친다

얼마나의 모히또와 다이끼리를 마신 건지
그가 앉던 자리 앞에 전신상을 붙여놓고
따르라 탐미하여라 라 테라스에 잡힌다

헤밍웨이, 그를 다시 만날 날이 또 올 리야
막 버스 경적에 수평선이 멀어지며
길잡이 흑인 남자가 오래도록 그 자리다

그래서 쿠바

- 유니

순정한 미소의 유니 전담 요리사 유니
푸른 호수 눈동자에 향수가 어린듯해
흑인의 아린 삶일까 애잔한 마음인데

야들야들 으흥으흥 재바른 손놀림으로
식탁을 차려내며 방긋방긋 나풀대는
아, 유니, 그래서 쿠바, 그래서 더 그리울

페루 편

높여라 ! 나를 높여라 !

대통령궁

차장 누나

- 리마 · 1

육칠십년대 부산의 서면 거리를 가면
가요 가요 송도 송도 그 외침의 차장 누나
이곳에 배짱과 오기 그 누나 펄펄 살아

황금 박물관에서, 미라
- 리마 · 2

앉고 누운 온전 체와 머리만의 미라가
이천 년을 거슬러와 오늘을 숨쉬고 있다
살아서 이리 죽으나 죽어서 이리 사나

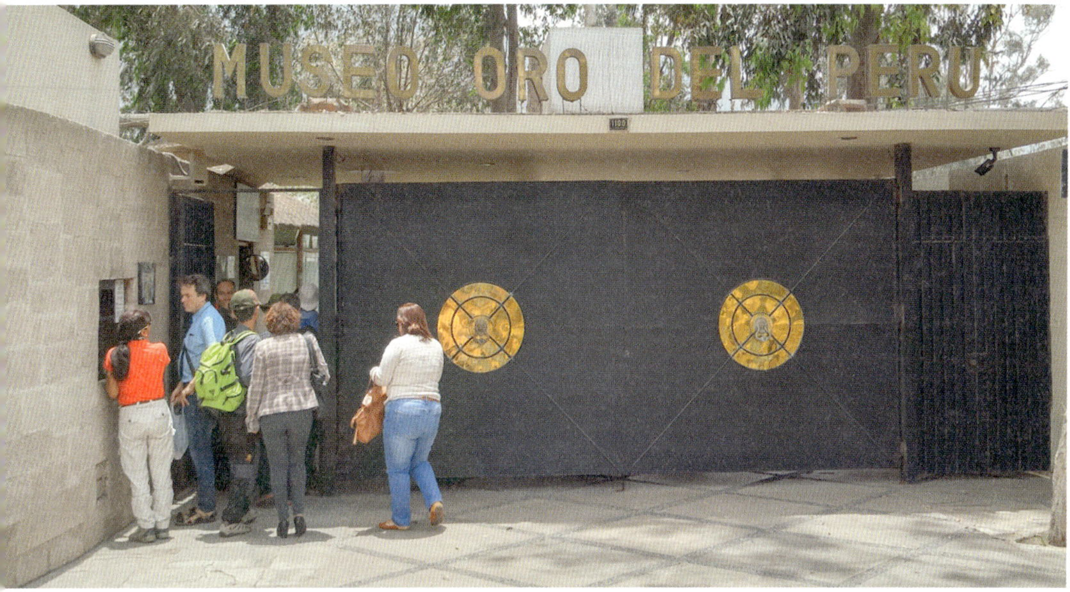
MUSEO ORO DEL PERU

Museos "Oro del Perú" - "Armas del Mundo"
MUSEO "ORO DEL PERU"

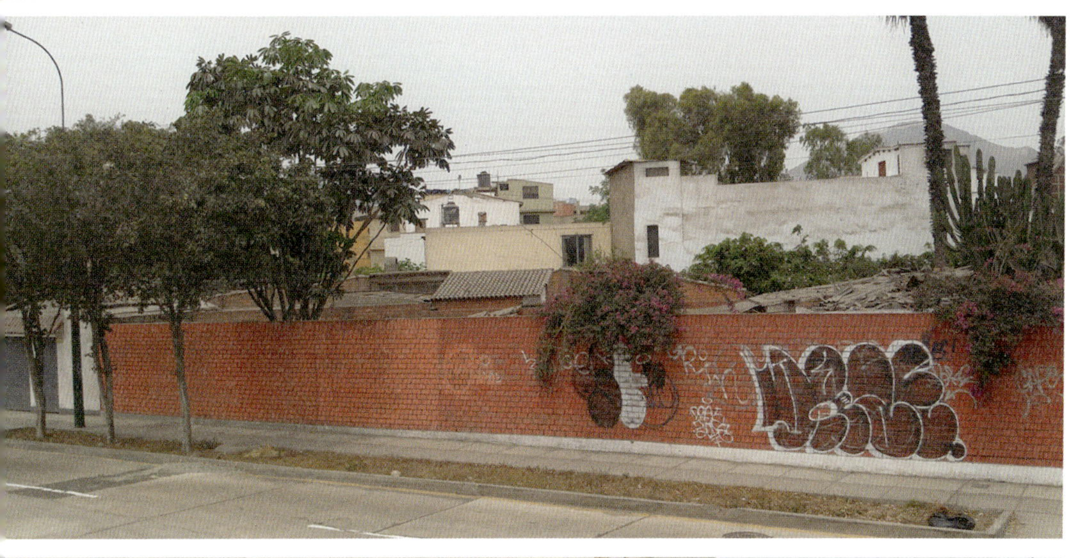

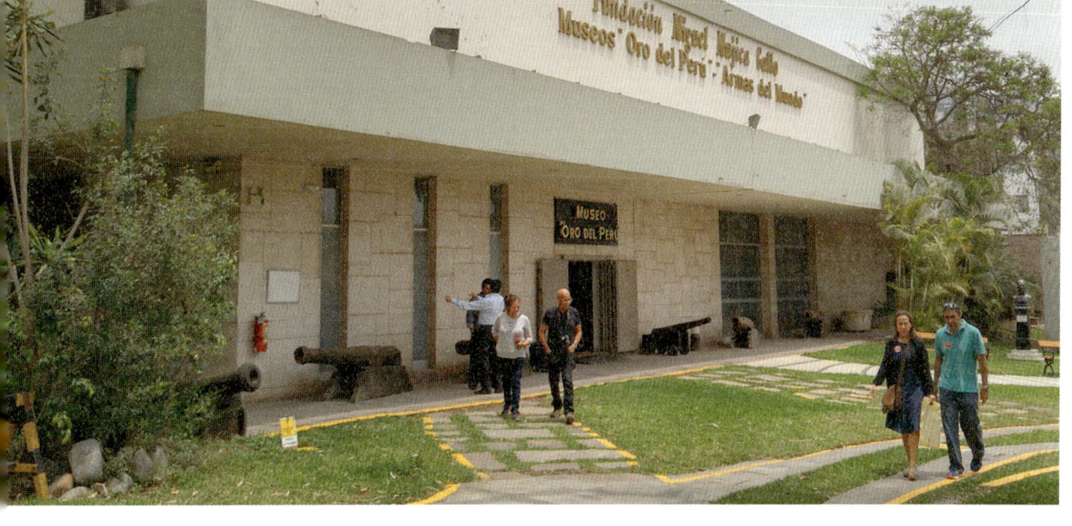

제국 잉카
- 리마 · 3

피사로 그를 밟고 리마가 들끓는다
거룩한 집을 지나 산비탈 위태한 집
거리의 인파를 거쳐 걸인 몇 애틋해도

대통령궁 위엄이야 경호 병의 부동자세
아르마스 광장 가득 꽃처럼 구름처럼
북치고 나팔을 불며 희희낙락 저 사람들

또 달리 한마당은 산마르틴 광장에서
소방관의 권익 신장 붉은 빛으로 타서
잉카가 제국 잉카가 황금 나래 펴고 뜬다

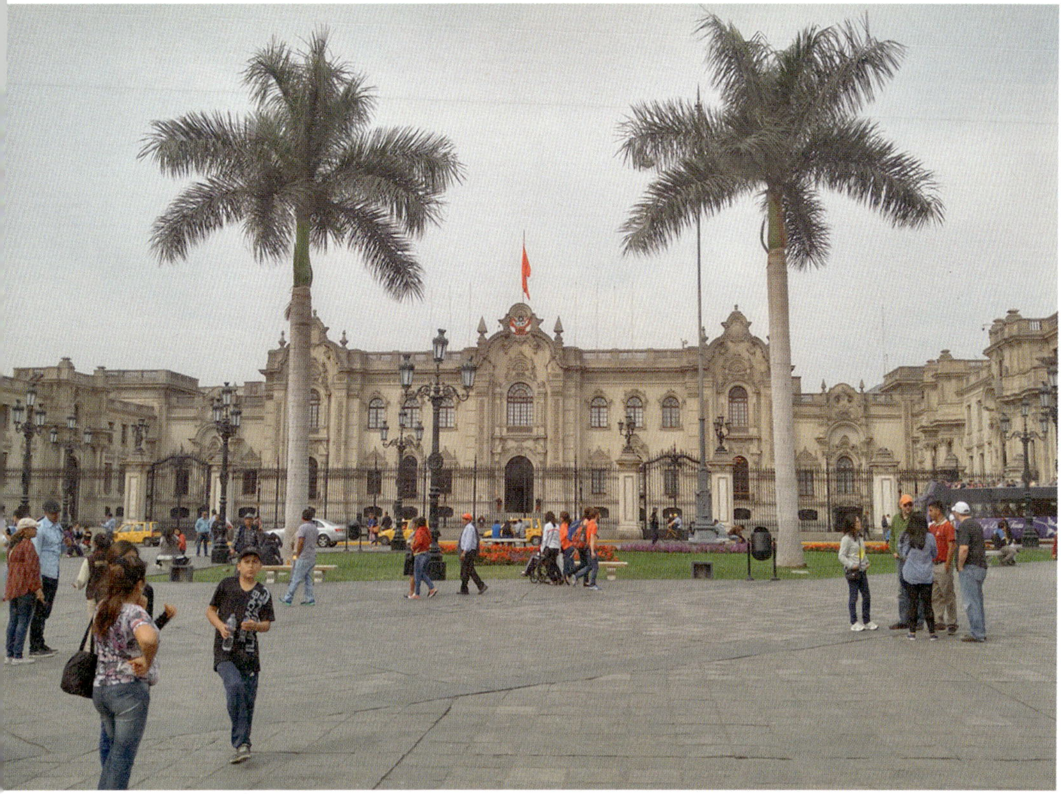

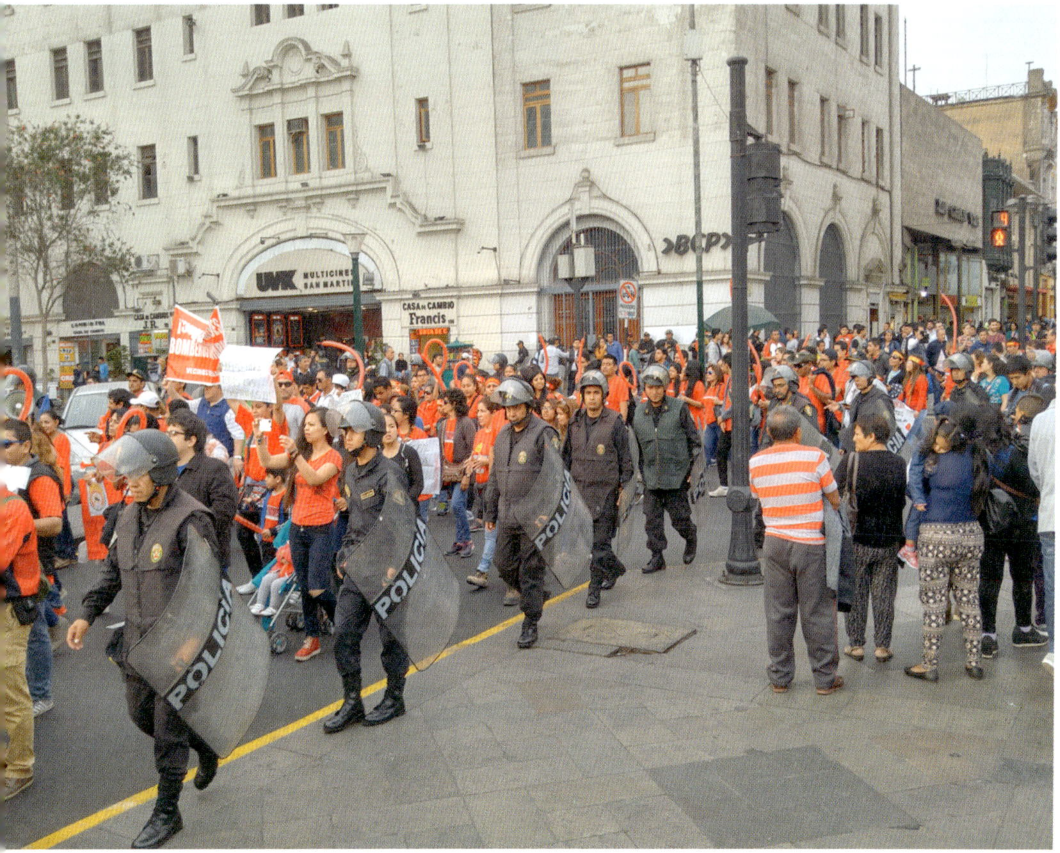
UVK
MULTICINES
SAN MARTIN
CASA DE CAMBIO
Francis
BCP
POLICIA
POLICIA
POLICIA
POLICIA

대통령궁 의장 행열

- 리마 · 4

정오의 의장행렬이 거리소음 쓸어담고
성프란치스코 지하 묘혈의 어둠을 훑어
침탈을 형해화하는 저 당당한 잉카 보무

새 섬, 바예스타
- 리마 · 5

제 나름 살아내며 멋에 겨운 바다사자와
한점 모이 빌지 않고 억년 사는 새들 하며
한 뼘 섬 둥지 값으로 사막 사람 살린단다

누만 년 적층의 구아노*를 긁어 팔아
홍청망청 배 두드리며 살던 시절 있었다니
미물의 사는 이치가 사람살이 못잖단다

수수 억만 각양각색 더불어 다툼 없이
바다사자 호위 속에 만방 사람 불러 모아
입장료 톡톡히 받아 훠이훠이 잉카란다

*새의 배설물

이카* 사막
- 리마 · 6

만 리 연연 사막에다 집 짓고 밭을 갈아
천일야화 열려라 참깨 신기루로 사는 건지
홍 적색 부겐베리아 길 잡아 돌아오세요

아무려면 물쯤이야 모래를 씹을 동안
거꾸로 내리박히는 썰매의 묘술인지
태양이 녹즙을 줄줄 오아시스로 오세요

*리마(페루) 남쪽 약 250km에 소재

신인 듯 높이 앉아
- 쿠스코 · 1

하늘 아래 막다른 비알 호흡마저 줄여내며
왕은 자꾸 만근 돌의 피맛을 즐기려나
불가능 경물의 위엄 신인 듯 높이 앉아

어쩌면 피정복의 순명을 예견했나
졸음에서 깨어난 잉카 신의 가호가
오늘의 골목길에서 안락을 구가하며

잠시 잠깐 머물다가는 낭패는 없어야지
신전의 깊이가 오백 년의 탈을 벗고
주황색 흙손을 털며 오는 비를 맞고 있다

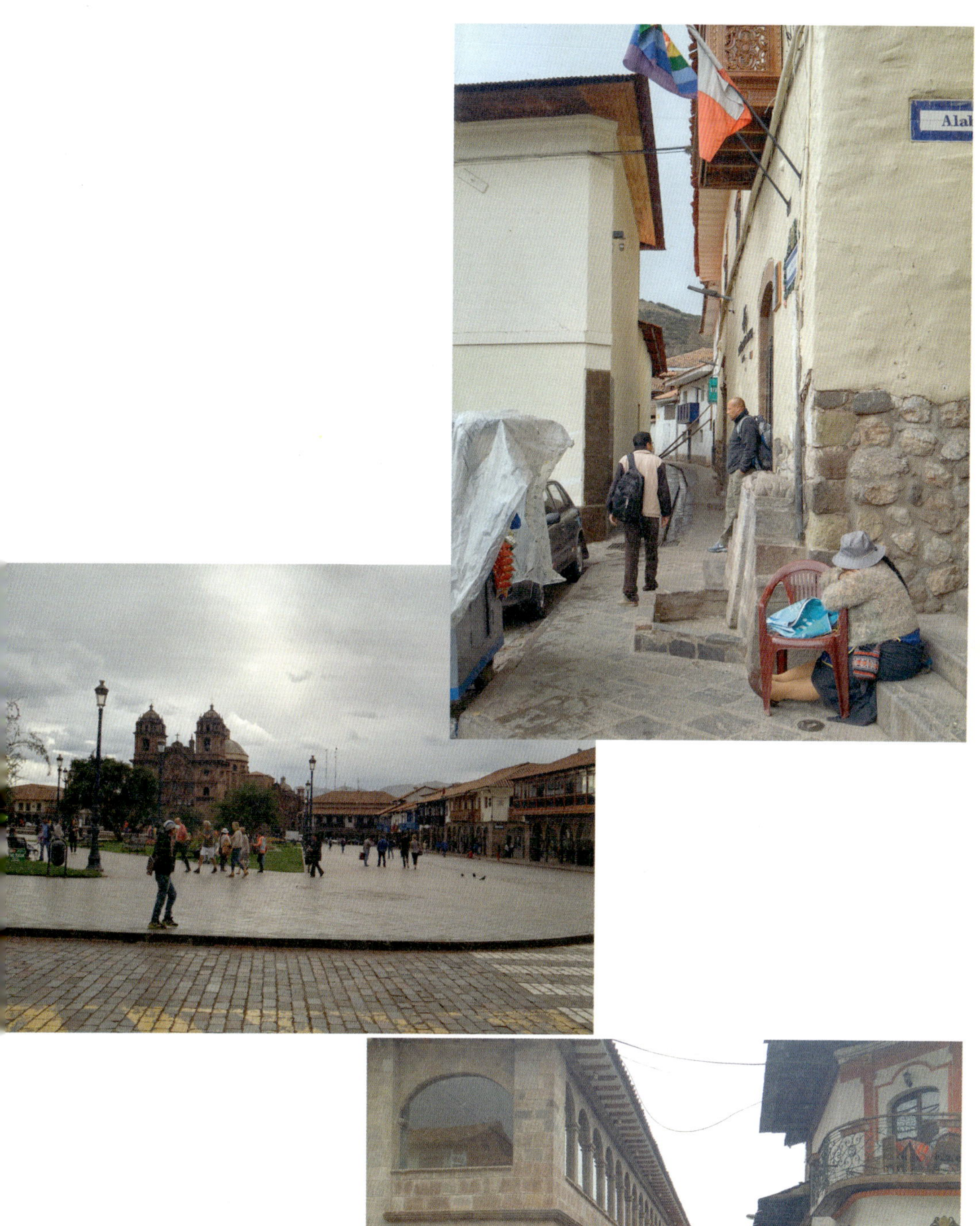

주황 천지
- 쿠스코 · 2

흙색이 주황이라 사람도 주황인가
담도 집도 꽃도 주황 쿠스코는 주황 천지
저 산에 지은 집들도 흙 맥을 따랐으리

재래시장 주스 코너 망고 갈아 마시다가
어느새 주황에 취한 식성인 듯 놀라면서
잉카의 문양을 새긴 티셔츠를 하나 산다

짓밟았다니, 스페인

- 쿠스코 · 3

쿠스코발 라파스행
24시간 운행 버스 밖

가축 몰이 농촌 삶이
한가로운 지평인데

무구한 저들의 삶을
짓밟았다니

스페인!

청년 페루

- 쿠스코 · 4

사천 종의 옥수수에
삼천 종의 감자라니

높은 산 층층 밭에
쏟은 피 얼마일까

이제야 드넓은 땅에
잘살기만 할 청년 페루

(살라네라스 염전)

제사장

- 마추픽추 · 1

경배의 마음만으로 나를 우러러보라
오만한 자 무릎 꿇고 질환자는 희생하라
오로지 나의 호명이 너희의 생사려니

달문을 쌓은 자는 물의 정령에 임하고
해문을 쌓은 자는 재생에 임하리니
높여라 나를 높여라 돌 깨고 돌 다듬어

죽음 위에 선 사람들

- 마추픽추 · 2

이슬이나 한 방울
심장을 데워내며

구름층 막다른 땅
돌을 깎아 씹을 동안

그 누가
침탈을 하랴
죽음 위에 선 사람들

발버둥 치며 치며

- 마추픽추 · 3

발버둥 치며 치며 가없이 오른 여기
하늘은 높이를 더해 구름이나 치장하고
차라리 죽으렸으리 비탈 비탈 긁은 흔적

잉카의 아들

- 와이나픽추 · 1

어머니, 여기 올라 잉카의 아들입니다
돌 갈고 뼈를 깎아 올려세운 망루에서
기꺼이 한목숨 내려 돌아가지 못합니다

불가사의 그 사람들

- 와이나픽추 · 2

마지막 한 개의 다듬돌을 올려놓은 자
신은 여기 없더라 소리소리 질렀을까
아무리 오르려 해도 못 올랐을 신의 허구

석축의 높이만큼 노역은 자심하여
들끓은 모반이라도 무수히 일었는지
어느 때 어디로 갔나 불가사의 그 사람들

피정복 피난살이

- 페루 푸노 우로스*

지상 해발 최고 높이 푸노 티티카카호
또또라란 풀을 쌓아 집 짓고 사는 사람들
권하는 공예품 하나 서슴없이 사 든다

풀을 묶어 배 만들고 풀을 까서 씹어먹는
물과 풀의 수상 삶이 이들만의 생애라지만
피정복 피난살이의 무서운 잔재라거니

*또또라 수초의 뿌리와 줄기가
쌓여져 땅처럼 굳어진 섬

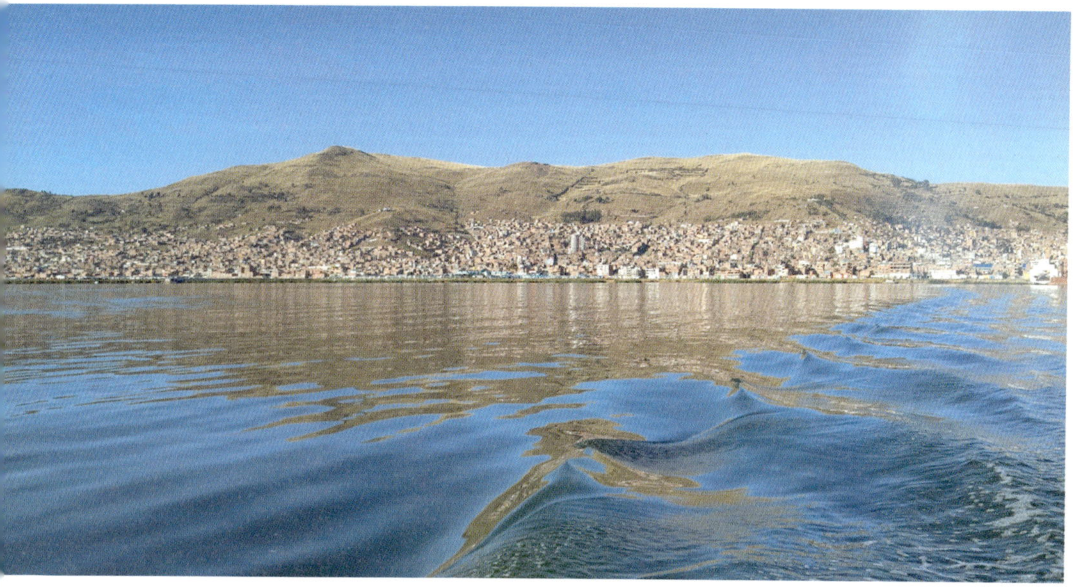

BIENVENIDOS A LA ISLA
KAPI NATIVO
LAGO TITICACA
PERU
CHUCUITO
LAGO TITIKAKA
HUINAYMARCA
BOLIVIA

볼리비아 편

산이여! 높아만 져라!

우유니 소금사막

삶이 곧 죽음이게

수천수만 다락 밭인
티티카카호 태양의 섬

저토록 한 뼘 한 뼘
삶이 곧 죽음이게

핍박이 그 얼마였기
불모의 땅 여기를

도깨비 방망이 하나

도깨비 방망이 하나 이 나라에 내렸으면
가없는 비포장길 쓰레기 뒤지는 걸인
한적한 골목길 어귀 미라 같은 노인께

거리거리 무지막지 나뒹구는 쓰레기
녹물이 줄줄 흐르는 수도시설의 낙후
산이여 높아만 져라 달동네 사람들께

통발 속 내륙국 바다가 그리운 나라
여행위험 일 위 국 낙인찍힌 이 나라에
도깨비 방방이 하나 금 나와라 내렸으면

LANZA
PRIMER NIVEL
GENTILEZA CASETA Nº 8
"ARIAS" 27
Calle 9
LIBRO
VENTA
TARJETA
ENTEL
VIVA

잘 뽑은 위정자

삼천육백 해발도 낮아
더 높은 산 오른 자들

만 개 계단 어찌 올라
등짐 지고 허기지고

잘 뽑은 위정자 하나
공중전철 케이블카

*볼리비아 수도 라파스에는
레드, 그린, 옐로우등 3개 노선의
케이블카가 산동네 주민들을 위해
전철처럼 운행되고 있으며,
편도 3볼(약 500원 정도)의 요금임.

라파스를 떠나며

잘살았으면 좋겠다
볼리비아 볼리비아

라파스를 떠나며
눈에 자꾸 밟히는 거리

누군가 두고 떠나듯
가지 마라 잡아당기듯

마이 하우스 오케이
- 우유니사막 · 1

우유니행 아홉 시간 사막 밤길 운행 버스
막막한 칠흑의 밤 지니도 잠들었나
달빛도 감아채버려 저 어두운 동네 집들

누구 하나 등불 켜고 비를 빌고 있음인지
저 먼 산 아스라이 물기 어린 반짝임 하나
어느새 마을 또 하나 유령처럼 지나쳐가며

정녕코 새 나라의 그 아침은 오는가
새 한 마리 햇살 끌어 나선을 그리는 순간
남루의 눈 맑은 처녀 마이 하우스 오케이!

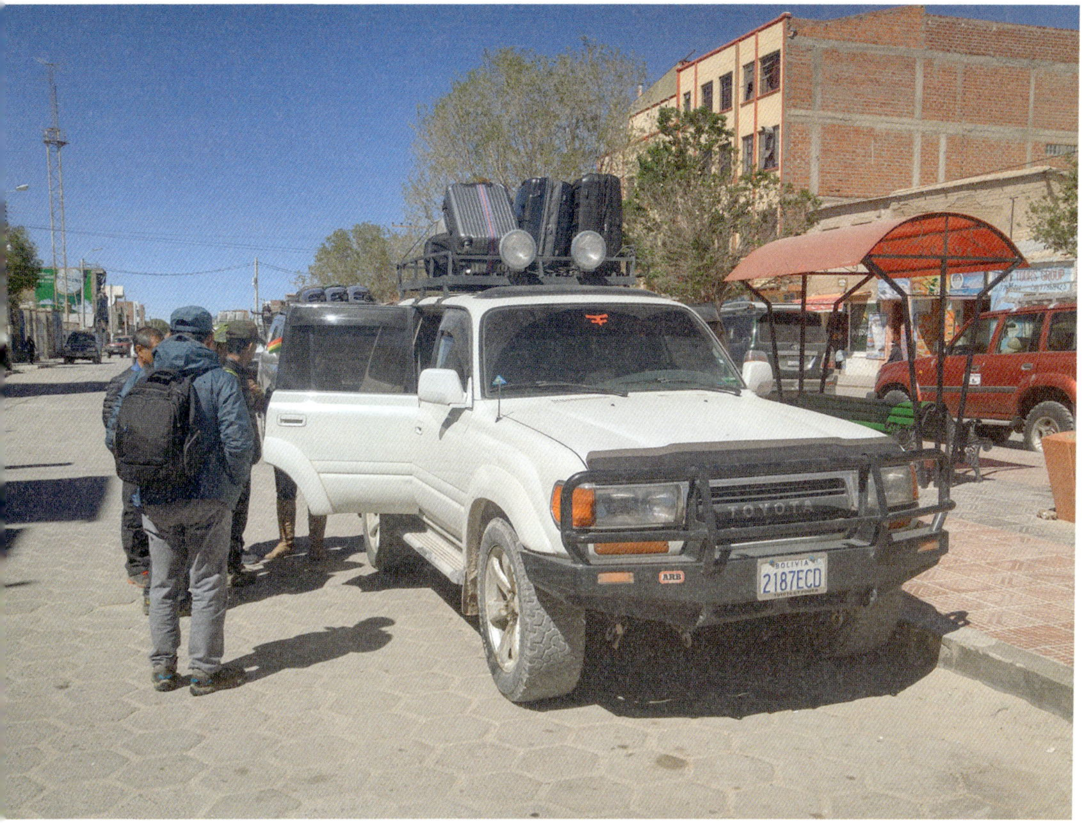

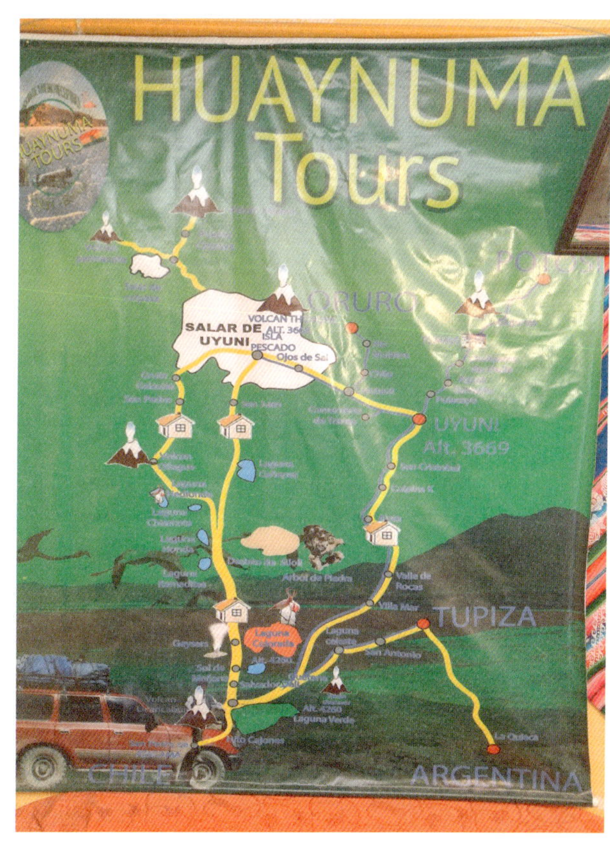

TOYOTA
BOLIVIA
2187ECD
ARB

HUAYNUMA
Tours
ORURO
SALAR DE UYUNI
ISLA PESCADO
Ojos de Sal
UYUNI
Alt. 3669
TUPIZA
Valle de Rocas
Villa Mar
Arbol de Piedra
Laguna Colorada
Geysers
San Antonio
Laguna Verde
La Quiaca
CHILE
ARGENTINA

징검돌 무한
우유니 사막 · 2

마침내 우유니사막 한가운데 섰습니다

일만 이천 제곱 킬로 이십억 톤 매장량의
이 무한 소금 바다에 꿈속인 양 서 있습니다

순정한 이 순간을 절이고 또 절여서
한점 저 검은 고래 형상의 좌표로 서서
육각의 징검돌 무한, 오는 그대 맞습니다

잉카와시섬(선인장 섬)

사만 리 외딴 멀리

- 우유니사막 · 3

우유니사막 한밤, 열사흘 달이 환해
추위에 몸을 떨며 하염없이 올려보다
내 몹쓸 욕심은 얼마 샅샅이 비칩니다

사만 리 외딴 멀리 눈치 볼 무엇 없어
굽고 젖은 마음들 하나 없이 꺼내놓고
이 지상 더없이 맑은 달빛으로 바랩니다

견주어 바글대며 때 없이 부린 욕심
왜 하필 먼 이역 소금 사막 달빛인지
부신 눈 내려놓으며 그대만일 뿐입니다

소금호텔

우유니사막 대장정 · 1

1.
소금 호스탈 떠나 칠레 향해 가는 길
야생의 얀마들이 물을 찾아 헤매는지
달리다 멈춰선 목이 휘어질듯 가늘 합니다

2
메말라 모래뿐인 햇살 뜨건 신아에
노란색 풀더미가 천지 사방 늘렸는데
살아서 뿌리를 내린 지독한 생명첼니다

3.
라구나란 연못들이 가다가다 열리는데
홍학이 춤을 추고 물고기가 솟구치니
이 세상 어디서든지 살 생명은 사나 봅니다

4.
풀 한 포기 나무 한 그루 어디 없는 민둥산도
길손의 적막감을 위무하려 함인 양
빨 노 초 비단결처럼 아름답기만 합니다

5.
연못이 있는 곳이면 반드시 바위 있고
바위 있어 쉴 곳이니 서로서로 연분이라
물 한번 바라보다가 바위 한번 앉아봅니다

6.
우유니 여행사의 조셉이란 운전기사
손님 태운 제 형 차와 동반의 운전을 하며
재바른 몸놀림으로 서비스가 극진하고

육백이십 오리 길에 개선 장군 길을 가듯
형님 한번 아우 한번 길잡이 앞장이라
잘살아 다툼보다야 저리도 정겹습니다

7.
열한 시간 대장정 끝 종착지의 드센 바람
라구나 꼴로라다가 텃세를 부립니다
싸늘한 숙소는 몰론 화장실도 샤워실도

8.
볼리비아 마지막 밤 달 둥실 한 추운 사막
사천이백칠십 미터 가쁜 숨에 시달리며
이 나라 사막 사막의 푸른 숲을 그려봅니다

라구나 꼴로라다

소금호텔 앞 연못

우유니사막 대장정 · 2

1.
고지대 사막 숙박은 추위와 호흡의 싸움
냉방에다 가쁜 호흡 쪽잠도 새우잠도
극한의 체험을 하며 일상이 그립습니다

2..
광막한 사막 복판 화산이 펄펄 끓고
노천의 온천욕이 모든 길손 옷을 벗겨
동서양 남녀노소가 물장구치다 갑니다

3.
국경검문소, 조셉 형제 작별이 뜨겁고
칠레의 버스 기사가 출국 절차 대신한 뒤
먼짓길 볼리비아를 눈에 눈에 담습니다

라구나블랑카 하스프링 온천

4.

칠레, 잘 닦인 포장도로가 국격인 듯
흔들리던 몸을 쉬어 잠깐 졸고 일어나니
장시간 입국 절차가 무더위를 안고 옵니다

5.

볼리비아 사막 대장정 그 끝에서
장한의 힘을 발휘 캐리어를 실어주며
오케이! 엄지손가락 씩씩하던 미겔 청년

그의 조국 스페인의 과거를 잘 아는 듯
그 지배의 나라에서 큰 덩치에 겸손하여
칠레의 여행 첫머리 그가 문득 생각납니다

칠레 편

아카시 저리 피는가!

토레스 델 파이네 공원

산페드로 아타카마*

- 칠레 · 1

칠레의 국경 마을 새소리에 놀란다
수백 년 아름드리 나무가 즐비하고
바쁜 일 하나도 없듯 그늘 쉬는 사람들

산타가 놓고 갔을까 물 흐르고 숲 우거져
햇볕은 또 바람 자아 포도를 키우는지
줄 하나 넘어선 여기 사막 아닌 사막의

*칠레의 북쪽 볼리비아와의 국경 마을

Atacama
Inca Tour
PEDRO
MONEY EXCHANGE
RECARGAS

칠레를 날다

- 칠레 · 2

깔라마서 산티아고 두 시간의 비행길
무지개색 무한 사막 초목 하나 어디 없다
산머리 눈을 이고도 햇볕에나 바치는지

울퉁불퉁 산악 아래 실핏줄 푸른 밭갈이
인공의 오아시스가 안약처럼 눈 맑혀서
사람이 사는 땅인가 참았던 숨 내쉰다

좁은 땅 우리여도 여기 비해 백 배의 땅
물 한잔 돈 내라는 승무원의 무 배려에
이 하늘 높이에 앉아 드높아진다, 대한민국

산 페드로 데 아타카마(달의 계곡)

산티아고
- 칠레 · 3

호흡 곤란 증세와 추위를 벗어난 여기
십일월의 이모네 민박집 오디가 익고
묵은지 김치찌개에 쌓인 피로 확 풀려

우리의 오월인가 설레어 뛰어보자
시차는 열두 시간 계절도 딱 반대
뻐꾹새 울음소리도 들리려나 산티아고

산티아고 풍경
- 칠레 · 4

저토록 절박할까 대낮의 공원 벤치
처녀 총각 서로 껴안고 눈치 없는 애정행각에
한길을 내려다보며 목이 타는 산타루시아*

대로를 따라 걸으며 아우성치는 데모대
버려진 수박 껍질을 주워 씹는 젊은 거지
가엾다 뒤쫓아 가서 적선하려는 우리 친구

남회귀 아리랑 간판 이정표로 새겨두고
우리와 다른 무엇을 휘둘러 찾는 참에
태산목 큰 꽃을 달고 그늘지어 서 있다

*산티아고 시내 소재 동산 전망대 공원

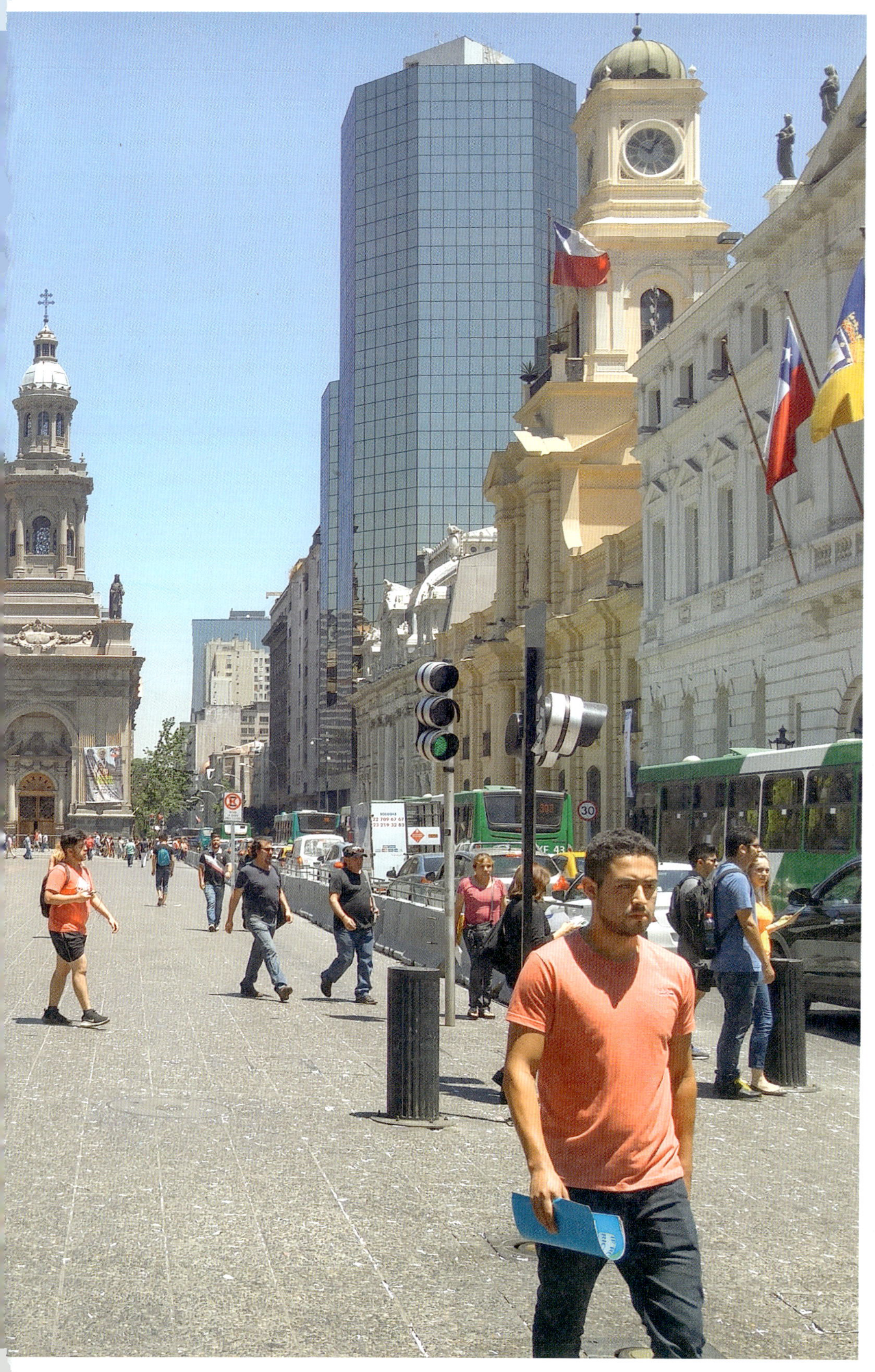
30

발파라이소에서

- 칠레 · 5

발파라이소* 해변에서 저 너머 우리의 집
피스코쏘우르** 칵테일, 내 그리운 사람아
흑산도 아가씨 한 곡 번지 없는 주막 한 곡

음악은 만국 언어 우리를 웅변하며
불콰한 낮술 한잔이 칠레 식당 들쑤셔서
아카시 저리 피는가 노을빛에 부시다

*칠레의 서쪽 해변 도시
**남미지방 특유의 알코올 고 도수 칵테일

산티아고 이모네 민박

- 칠레·6

이 남국의 십일월에 비파가 익고 있다
가로수 매실에다 담장의 복숭아도
발그레 수줍은 얼굴 잎새를 앞가리는

이 남국의 십일월에 오디가 익고 있다
오만 리 날아 날아 무 배추 들깨 호박
아리랑 아라리이요 이모네 민박 들썩이는

쌍둥이 손자를 얻다

- 칠레 · 7

십일월 십팔일에 쌍둥이 손자놈 출생
카톡의 꼼지락 사진 살폿 뜬 눈을 보며
산고의 며느리 생각 울컥 치미는 고마움

아비를 닮았거나 어미를 닮았거나
핏줄의 고귀함으로 오늘을 일으키니
할머니 없는 한쪽도 두 놈 점지 든든해

오만 리 지구 반대편 산티아고 밤별에
할아비 누대에 당당 등뼈를 곧추 세워
태평양 훌쩍 건넌다, 무럭무럭 튼튼 크거라

ELLISIA BABY

푼타아레나스
- 칠레 · 8

1.
지구 최남단 도시 푼타아레나스에 오다
사막과 밀림과 설산과 빙하를 넘어
저만치 펭귄의 나라 남극이 숨 쉬고 있는

세종기지 대원들이 뿜어낸 열기라서
민들레 마루나무 꽃과 잎 저리 피나
극지의 반가운 초목 우리 집은 오만 리

2.
아가씨 택시 기사 날랜 운전의 한길에
천 년 수령 나무들이 가로수로 우람하여
마젤란 해협쯤이야 뒷날에나 가볼 일

푼다아레나스 공항

3.
푸에르토 나탈레스 막 버스를 놓칠세라
도무지 이 초원은 끝이라도 있는 걸까
인가도 인적도 없이 저 무수한 소 떼 양 떼

4.
축복의 땅 이 나라에 꽂힌 눈을 뗄 수 없다
버스길 세 시간에 서터라도 눌러두자
붉어진 토끼 눈으로 오는 잠을 맞서 앉아

* 칠레 최남단의 중심 도시이자 지구 최남단 도시이며 마젤란 해협에 면함

푸에르토 나탈레스*

- 칠레 · 9

육지 최남단 오지
설산 아래 성근 저녁

엘 파타고니코 호스텔에
허기가 감도는데

먼 산 밑
불빛 하나가
고향 집인 듯 반짝여

*칠레 푼타아레나스 북쪽 260Km 소재 도시

정착의 묘술
- 칠레 · 10

파타고니아 남단 초원 횡단길 곳곳

지천의 민들레에 소 떼 양 떼 사슴떼

정착의 묘술을 본다

낮은 자세 순한 성정

강남 제비 우리 봄

- 칠레 · 11

만년 빙하 가득 실은 태산 준령 휘돌아서
파도 치는 호반에 앉아 샌드위치 점심 중에
한 쌍의 물오리 종종 일곱 새끼 몰고 간다

저 무방비 무신경에 버들개지 보송보송
해당화도 수줍어라 햇살 가려 낯 붉히는
토레스 델 파이네*는 강남 제비 우리 봄

*파타고니아 남단 소재의 칠레 국립공원

토레스 델 파이네 공원

- 칠레 · 12

저 산이 솟아나고 이 땅이 낮아지고
누구였나 맨 처음 팻말을 꽂은 이는
어제는 서방의 청년 오늘은 동방의 장년

만년설 녹은 물에 한 결로 몸 씻어도
엄연한 남의 땅 칼이나마 벼려보랴
정별의 말을 달리는 백야의 꿈에 든다

엄마 손맛
- 칠레 · 13

집 떠난 지 한 달째인 우리 여행 파타고니아
맛없고 짜기만 해 혓바늘 돋는 현지식에
뜨건 밥 갖은 반찬의 군침 도는 생각들

마침내 무건 어깨의 비상식량을 다하여
컵라면 끓여놓고 손을 감싸 소중한데
이거 좀 먹어볼라나 내어놓는 멸치볶음

달포의 기간 동안 잊은 듯 간직하여
갈급한 체내균형의 영양소를 보충해줘
이 바로 엄마의 손맛 송홍선 부인의 정

REGALO
600

아르헨티나 편
물 흘러 사람 흘러
모레노 빙하

아득한 저 멀리

1.
다섯 시간 내내 달려도 끝이 없는 광막 초원
아득한 저 멀리 담장 같은 설산 하며
눈 막막 숨 막히는데 타조와 양 몇 점,점,

2.
구름과 땅 사이의 대평원을 가로질러
사십칠 인승 버스가 단 십 명으로 씩씩하다
아르헨 시원한 나라 기사도 입국 절차도

3.
사람들은 도대체 어디에나 사는 건지
초원과 가축들과 적요의 햇살 뿐
보다가 보다가 그만 졸음에 지고 만다

PROVINCIA
de
SANTA CRUZ
Vialidad
Nacional
Administración
General de
Vialidad
Provincial
REPUBLICA ARGENTINA
GENDARMERIA NACIONAL
ŠKODA

윤환군의 역마살

칠십사 년생 깡마른 윤환이란 젊은 친구
칠레에서 아르헨티나 두 번째 만남에서
정착지 정하지 못한 만방 떠돌이의 고민

그래 그래 생이란 참 이러저러 한다 해도
노스텔지어 아린 밤을 서러워도 해야 하지
돌아갈 집이 있는 나 따뜻한 그 아랫목

엘 칼라파테*

하늘이 물에 박히고 물이 하늘에 박혀
설산이 쪽빛 물고 또 하나 하늘인 저
필설로 다할 수 없다, 망연자실 오로지

와서 보라 와서 보라 그대여 와서 보라
나 그만 눈을 돌려 그대를 담을지니
이 세상 어디도 없을 저 장관을 와서 보라

*아르헨티나 남단 황량한 벌판에
자리잡고 있는 소도시, 주변 호수에
떠있는 빙하로 유명한 곳.

알젠티노 호수

민들레와 미루나무

민들레 미루나무 만방 다 제 땅인지
사람 따라 식물 따라 누구 따라 정착인지
첫눈에 보여 반가운 엘 칼라파테 저 목초木草들

낯선 곳 낯선 사람 말더듬이의 이국에서
두리 번 길을 찾아 우리 닮은 누구 있나
민들레 길을 밝히고 미루나무 길을 잡아

모레노빙하 · 1

빙하 한번 볼라치면 이만오천 원 내라
어째서 하느님은 이 나라에만 후하셔서
돈돈돈 마구 생기는 자연조화 부리셨나

모레노빙하 · 2

너 빙하 만져봤나 너 빙하 먹어봤나
알젠티노 호수의 이 모레노 빙하를

까짓거 사진이면 돼?
이 한기와 이 서기는?

이 빙하 어찌 안보고 죽을 수 있겠어요
서울서 온 오현숙 여행가가 하는 말

한숨을 길게 내쉬며
손을 모아 잡는다

여행가의 꿈

평생 꿈을 꿀까 지금 떠날까의 나
서슴없이 결행하면 길 자연 열린다는
여행가 오현숙님의 세계 일주 체험담

가서 보고 가서 듣고 가서 느끼고 배워
세계 만방 인류 공영 한 알 씨앗 움이면
어쩔래, 되묻곤 하죠, 여행을 사시로 보면

우르르 꽝 천둥소리로 무너져내리는 빙하
나 분명 여기 서서 보고 듣고 있음인가
반백 년 여행을 꿈꾼 이 남미의 오늘에

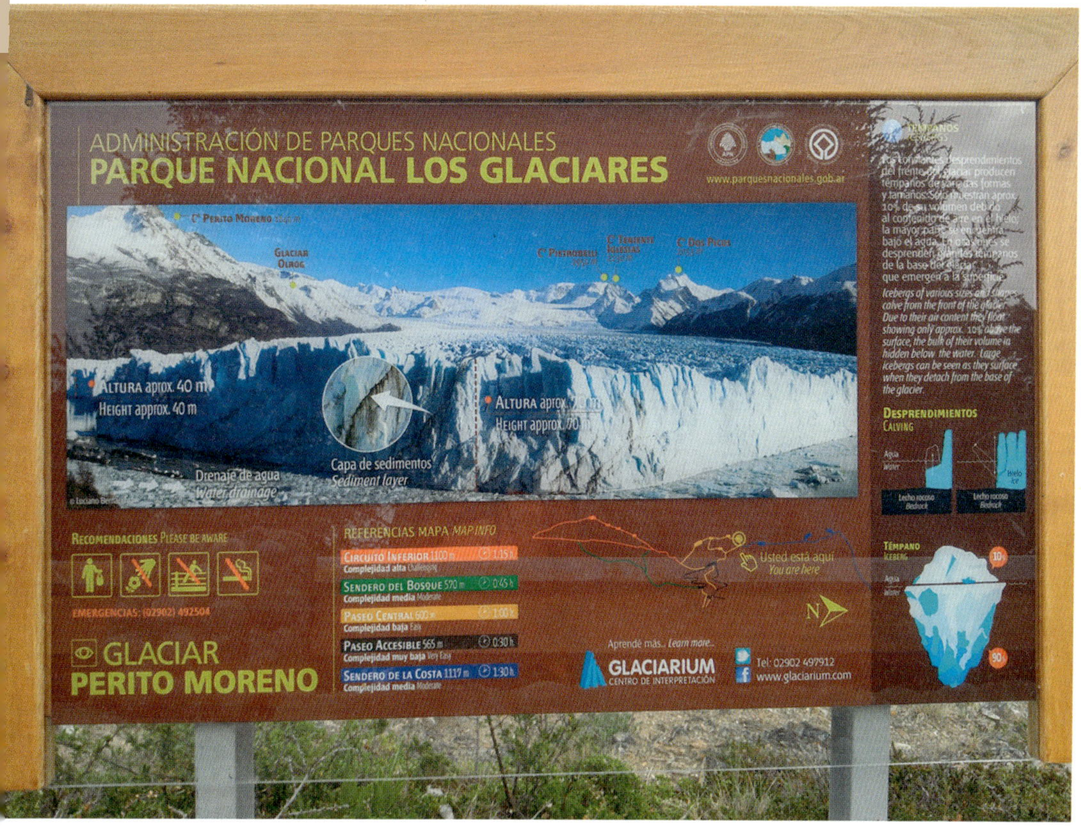
ADMINISTRACIÓN DE PARQUES NACIONALES
PARQUE NACIONAL LOS GLACIARES
www.parquesnacionales.gob.ar
Glaciar Olrog
Altura aprox. 40 m
Height approx. 40 m
Altura aprox. 70 m
Height approx. 70 m
Capa de sedimentos
Sediment layer
Drenaje de agua
Water drainage
Recomendaciones Please be aware
Emergencias: (02902) 492504
Glaciar
Perito Moreno
Referencias mapa Map info
Circuito Inferior 1100 m 1:15 h
Complejidad alta
Sendero del Bosque 570 m 0:45 h
Complejidad media
Paseo Central 600 m 1:00 h
Complejidad baja Easy
Paseo Accesible 565 m 0:30 h
Complejidad muy baja
Sendero de la Costa 1117 m 1:30 h
Complejidad media
Usted está aquí
You are here
N
Aprendé más... Learn more...
Glaciarium
Centro de interpretación
Tel: 02902 497912
www.glaciarium.com
Témpanos
Desprendimientos
Calving
Agua
Water
Hielo
Ice
Lecho rocoso
Bedrock
Témpano
Iceberg
10%
90%

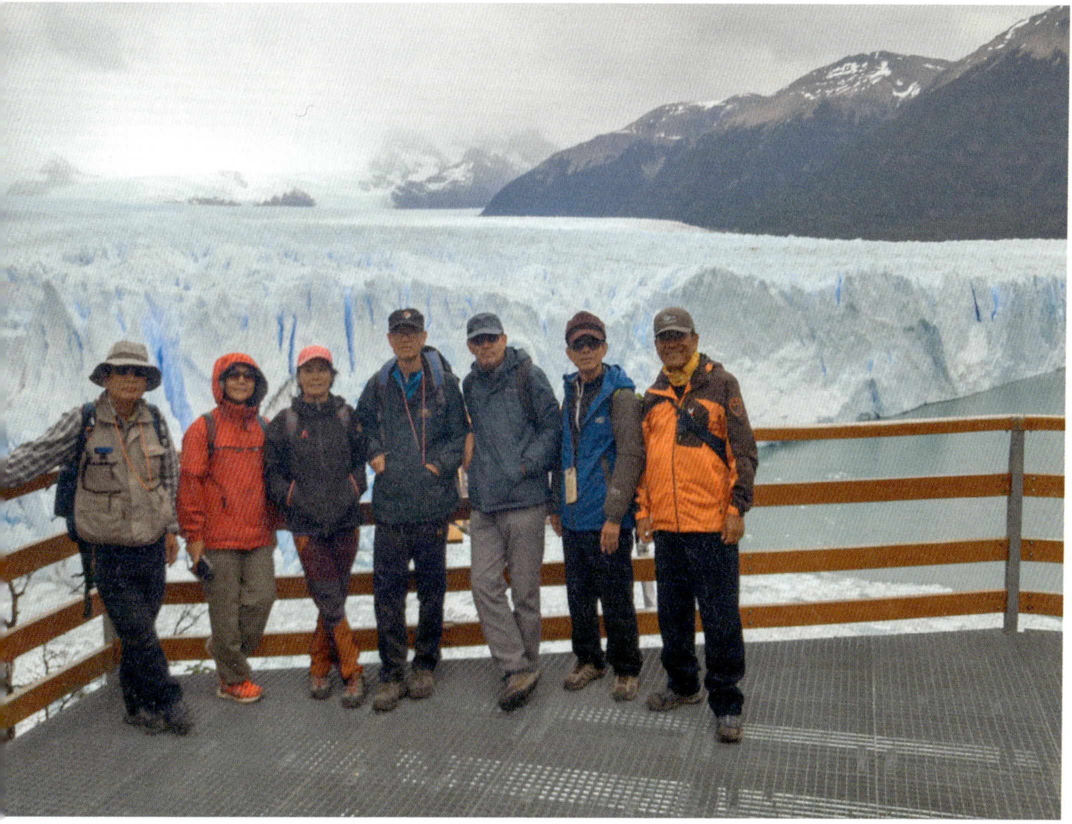

가볍다

오늘 아침 두꺼운 방한복을 버린다

빙하를 만져대도 날씨는 온난하여

가볍다
아까웠어도 버리고 나니
가볍다

독일 처녀 마이큰

엘 칼라파테 8인실 혼성 도미토리에
가녀리고 낭랑한 독일 처녀 마이큰
여섯 명 우리 일행 속 천사처럼 잠들어

굿모닝 밝은 인사 예의 바른 제스처에
풀어진 우리 맵시도 만져지는 신선함
코리아 저매니 굿 굿 잊지 못할 첫날밤

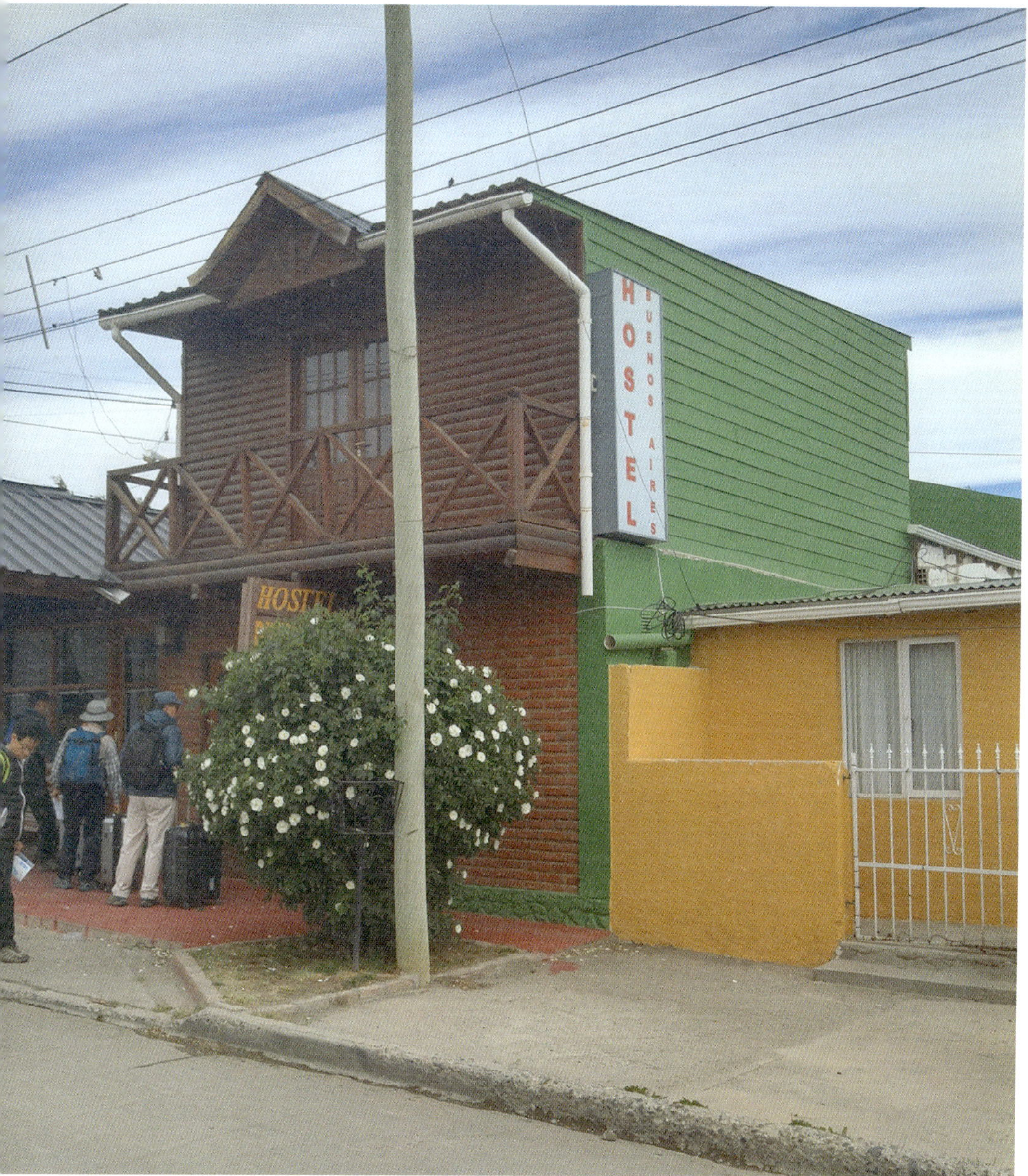
HOSTEL
BUENOS AIRES
HOSTEL

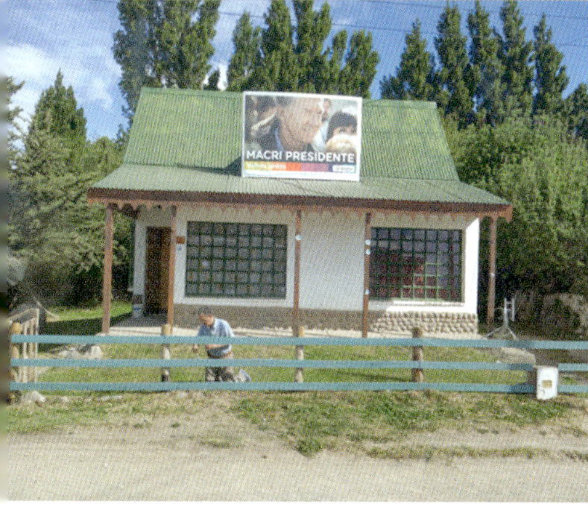

MACRI PRESIDENTE

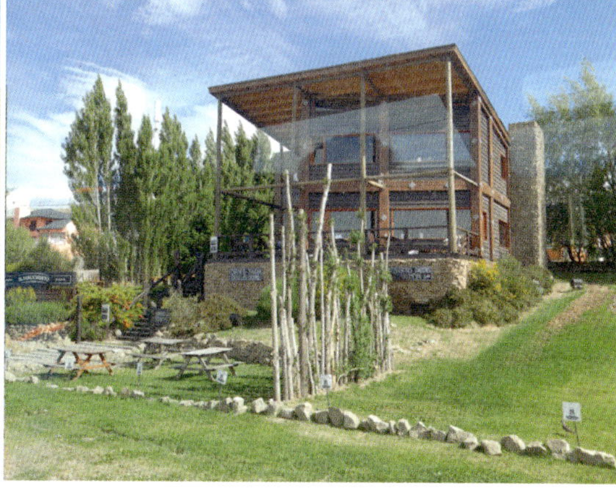

엘 찰텐을 가며

물은 흘러 강이어도
나무 한 그루 어찌 없나

풀덤불 수천 리에
콩이나 팥이라도

여기면
아사의 난민 모두 모아
여기면

*엘 찰텐
 아르헨티나의 파타고니아 엘 칼라파테의 북쪽, 버스로 2시간 50분 정도 거리의 산골 마을, 피츠로이봉과 토레빙하등을 가기위한 전진기지.

난만한 봄, 십일월

수양버들 소나무 민들레에 미루나무

엘 찰텐 들어서자 다른 건 집과 사람

이 곳에 살아도 좋을
난만한 봄
십일월

EL CHALTÉN
CAPITAL NACIONAL del TREKKING
BIENVENIDOS
EL CHALTEN
PATRIMONIO MUNDIAL
WORLD HERITAGE · PATRIMOINE MONDIAL

라구나 토레 빙하*

이십오 리 산길 끝 또 한 번의 빙하 태산
빙하야 그냥 빙하 남극이니 당연 빙하
모레노 빙하를 본 격 탄성도 잦아들어

이 나무 저 꽃의 한계 식생은 어디쯤
오르고 내려오는 사람 수는 얼마쯤
실없는 산술을 하다 아뿔싸 돌밭을 굴러

* 엘 찰텐에서 9km 정도 거리의 산길 끝에 자리잡고 있는 빙하

SENDA
LAGUNA TORRE
Km 3 de 9

긴 목의 연원

황량한 언덕배기에 사슴 한 마리 서있다

메마르고 물 귀한 사막 절절이 외로운 생

알겠다, 긴 목의 연원, 내 그리움의 나날

우리 언제 또 오려나

꼭 먹어봐야 한다는 엘 칼라파테 아이스크림
복스레 동글대는 직원 처녀는 또 어때
줄 서서 값을 치르며 벙글대는 친구 민성

허기지는 저녁 무렵 그 아니 맛있으랴
우리 언제 또 오려나 의자에 마주 앉아
친구야, 세월 빠르제, 저 처녀도 늙겠제

IMANES
3×$100
1×$40
PASEO DE
ARTESANOS

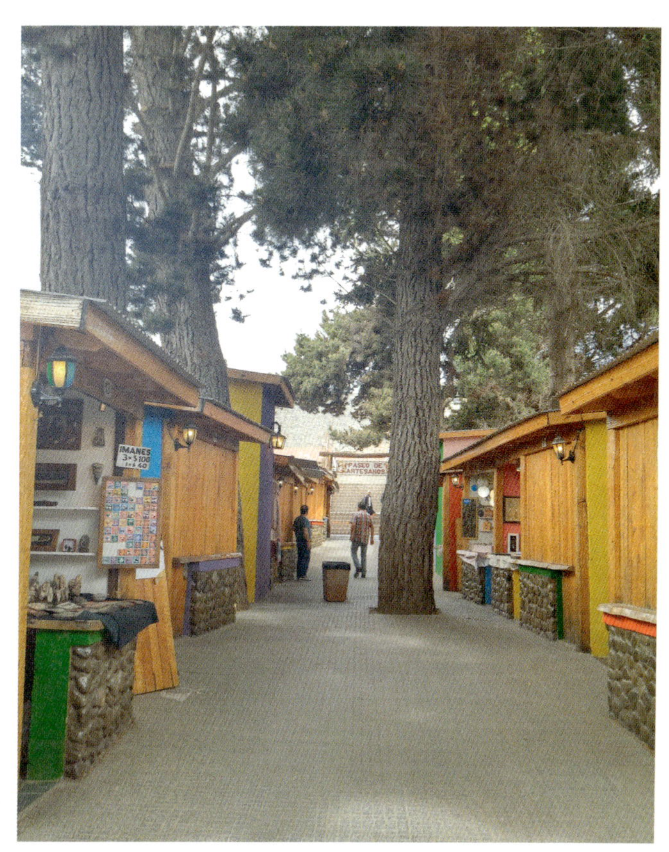

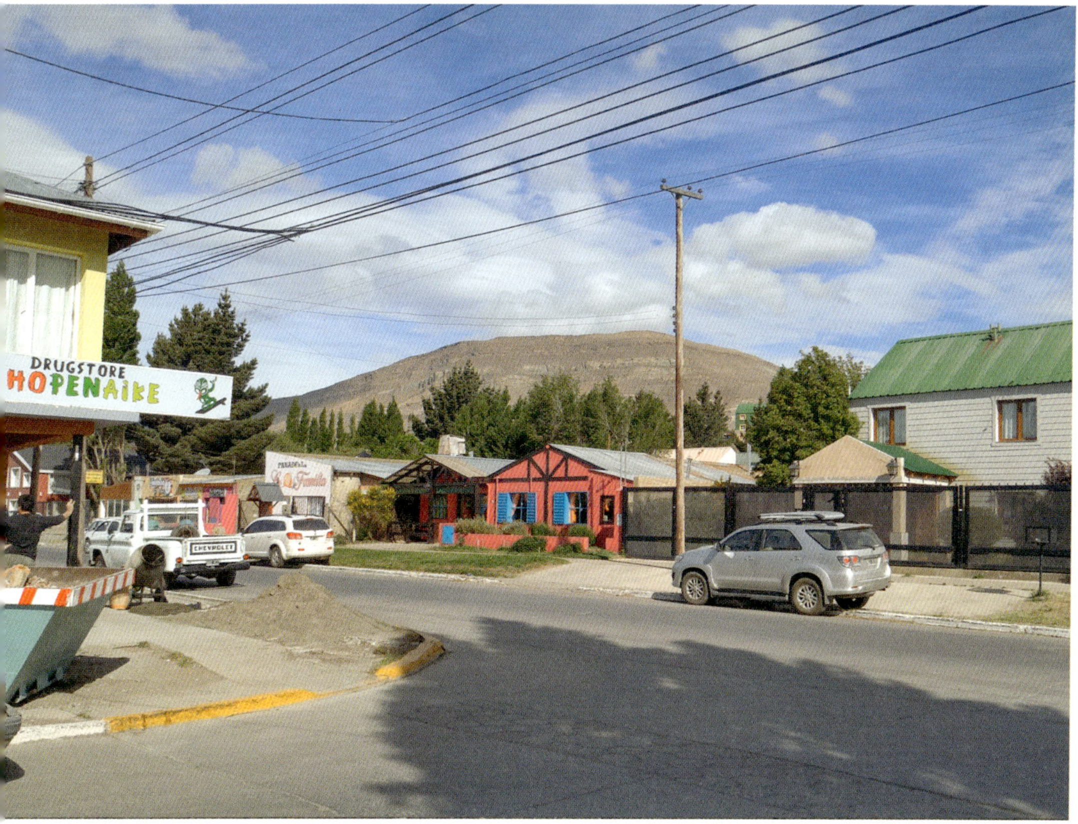
DRUGSTORE
HOPENAIKE
CHEVROLET

수염이 안 나는지

키 작고 엉덩이 큰 대여섯 서양 처녀
엘 찰텐 숙소 주방 저녁 준비 바쁜 틈새
오케이 엑스큐즈미 가스불을 차지하고

감자 삶고 채소 볶고 소고기 구워내니
베리 굿 가이 라며 의미심장 바라본다
서양도 주방에 들면 수염이 안 나는지

Comision de Fomento
12/10/1985 El Chaltén 12/10/2015
Capital Nacional del Trekking

으쓱해지는 어깨

엘 칼라파테 공항의 검색대 직원 한 명
—감사합니다 이즈 디스 코리안스 내임
혁대를 가리키면서 명칭을 물어온다

—오케이 혁대! 혁대! 아우어 내임 혁대!
한국말 알고 싶다며 싱글싱글 환대해줘
아 우리 큰 나라구나 으쓱해지는 어깨

London Supply
rolíneasArgentinas
LV-FQY

부에노스아이레스 1

저 도도하고 도발적인 아가씨의 입매를 보라
저 근엄하고 고압적인 사나이의 눈매를 보라
버스 안 맞보는 자리 지구 끝의 사람들

황갈색 바닷물 건너 보라색 꽃 피는 나무
바나나껍질 툭 까서 내던지며 길 가는 사람
버스 안 아랑곳없이 키스에 열중인 남녀

자유분방 제멋대로 남이야 뭐를 하든
날씨도 뜨건 나라 탱고 리듬 그래선가
아르헨 정열의 수도 나 날아와 보느니

부에노스아이레스 2

내가 대신 내겠다 아니 그냥 내려라
한 여성과 버스 기사의 기막힌 실랑이
첫 방문 이 도시에서 우리를 놀라게 한

공항에서 숙소까지 버스를 탄 일행 여섯
멋모르고 올라타고 현금요금 내려하자
표 사서 탑승해야 할 규정에 어긋난다며

이 나라의 민도라면 그 얼마의 미덕인지
이방인을 배려하여 차비를 내려거나
차라리 요금은 공짜 그냥 내리라거나

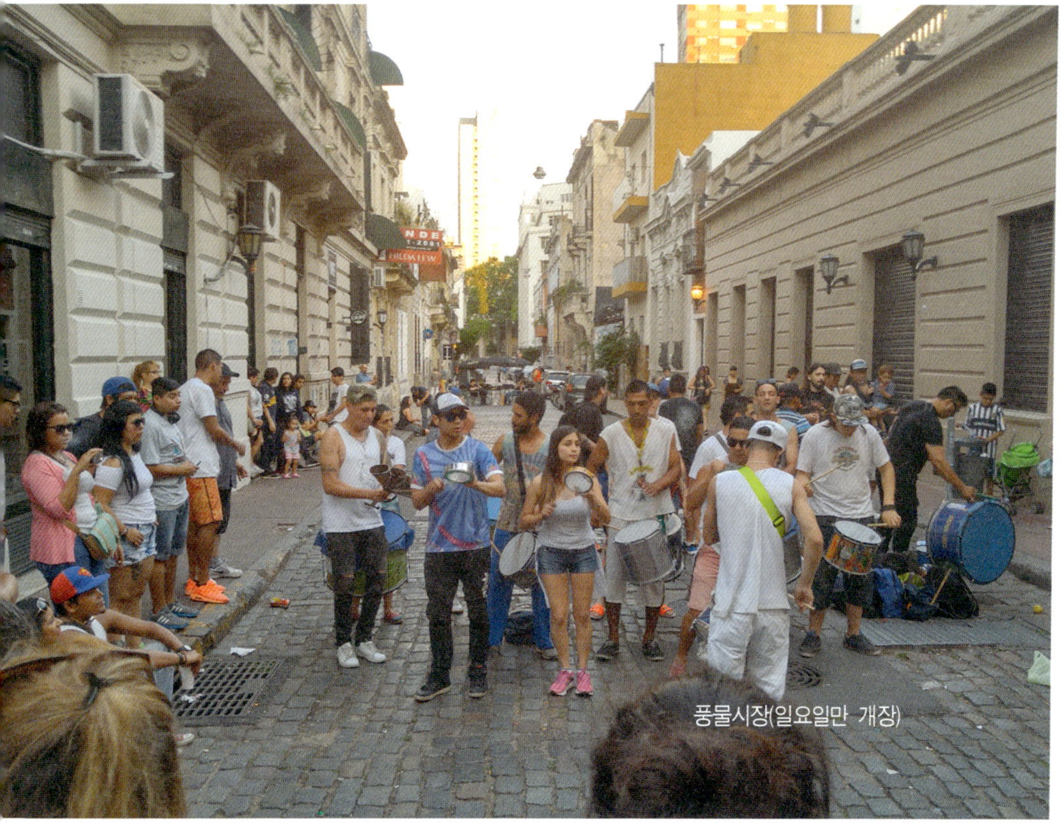

풍물시장(일요일만 개장)

부에노스아이레스 3

도둑이 하 많다는 곳 긴장된 나들이
기우였다, 유순하고 다정다감한 사람들
에누리 성큼 해주고 엄지 척 올려세우는

공전과 자전과 씨 날줄의 흐름 따라
낮과 밤 요정의 술책 제아무리 기발한들
오만 리 넘어 지구 끝 다를 바 없는 손에 손

에바 페론

1.

한시대를 풍미했던 영부인 에바 페론
레꼴레따 묘역 한켠 돌집 하나 차지하고
치장은 한낮의 햇살 미소로만 자애하며

민중의 뒷골목을 오늘처럼 순라하다
저녁별 요기를 삼던 조각가를 보았을까
정결한 맺음새에서 영원할 이름이여

2.

오만 리 동방에서 찾아올 사람 있듯
한 생의 영욕이 저 첨탑을 낮췄어도
이 뭔가, 쓰잘데없이 돌벽이나 쌓아놓고

천사, 나딸리아
- 이구아수 폭포 · 1

막 떠나려던 참의 이구아수 공항 로비
투에니 씨, 투에니 씨, 시트 남버 투에니 씨
공항의 여직원 한 명 길을 막고 하는 말

친구의 영어통역에 밝혀지는 놀라운 일
20번 C 좌석에 핸드폰이 놓여있어
그 사이 신원을 파악 한국인을 찾아온 이

라탐이란 항공사도 찾아온 라딸리아도
이 나라 아르헨티나 저 하늘색 사람들
찾은 폰 입맞춤하는 우리 팀 김창현 총무

악마의 목구멍
- 이구아수 폭포 · 2

1.
물의 물의 대반란 저 궁극의 블랙홀
악마의 선연함도 불타듯 한 목구멍
쏟아져 한없이 마냥 너를 잡아 앉히리

2.
물이 흘러 삼천 대천 미물 대물 만유 천하
물이 흘러 사람 흘러 이구아수 여기 흘러
어쩌랴 유한의 흐름 나 돌아갈 설운 흐름

3.
몸 비비며 자리다툼 쏘리쏘리 양보하며
급하면 먼저 보라 셔터도 눌러주는
선행의 만인 이구아수 저 쌍쌍은 키스환락

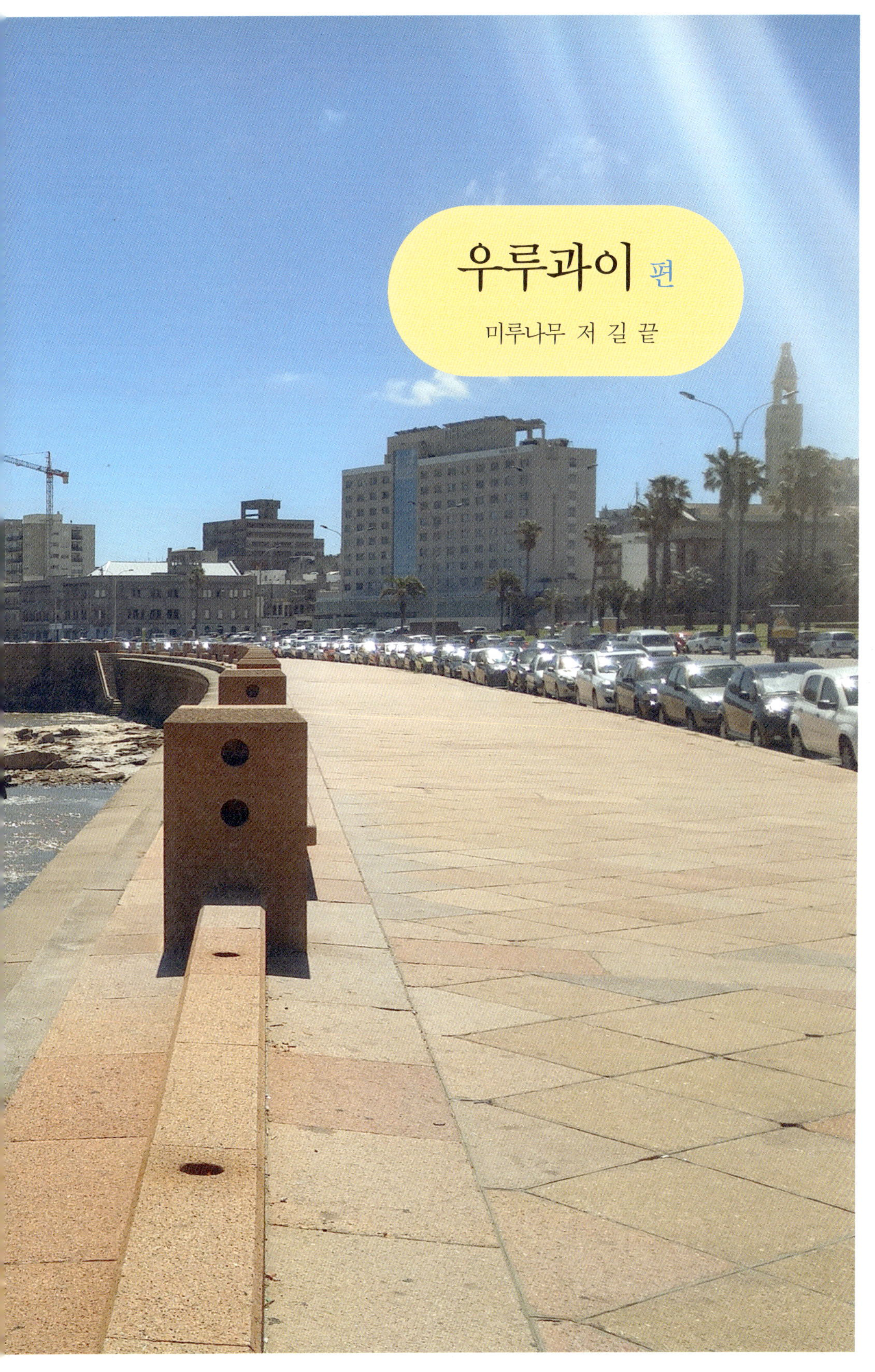
우루과이 편
미루나무 저 길 끝

구름은 어디에 있나

- 우루과이 · 1

오로지 대평원에 숲이요 밭일 뿐
황금빛 밀밭 따라 수수 만만 가축하며
옥수수 이랑 멀리에 조는 듯 앉은 농가

산 하나 있을까 보냐 두꺼운 햇살 아래
물 넉넉 푸른 비옥토 구름은 어디에 있나
단연코 지상의 낙원 미루나무 저 길 끝

몬테비데오 · 1

- 우루과이 · 2

우루과이 라운드 그 곤혹의 땅에 서다
도시는 주춤주춤 낡은 기침을 토하며
걸인을 방치한 채로 비둘기를 살찌운다

남단의 바람으로 풍요가 넘치는 들판
세계의 중심에서 그 세계를 모르는 듯
흘린 돈 찾게 해주자 깜짝 놀라 쳐다본다

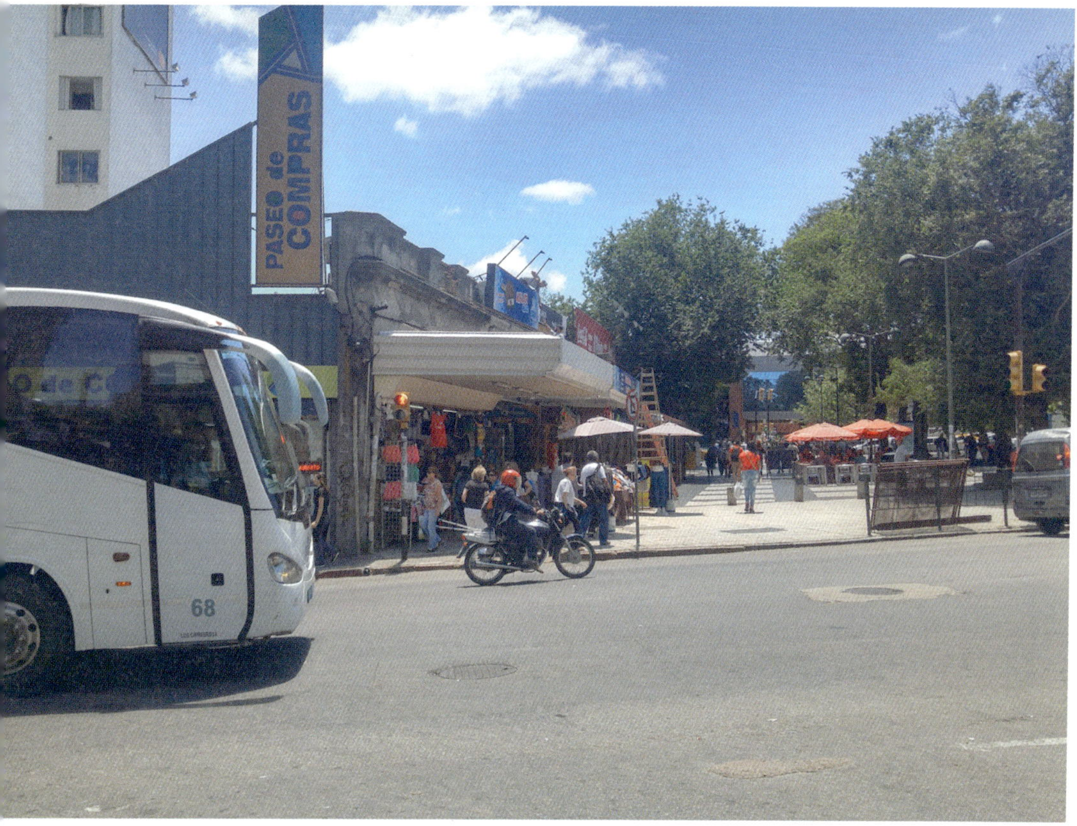
PASEO de COMPRAS
68

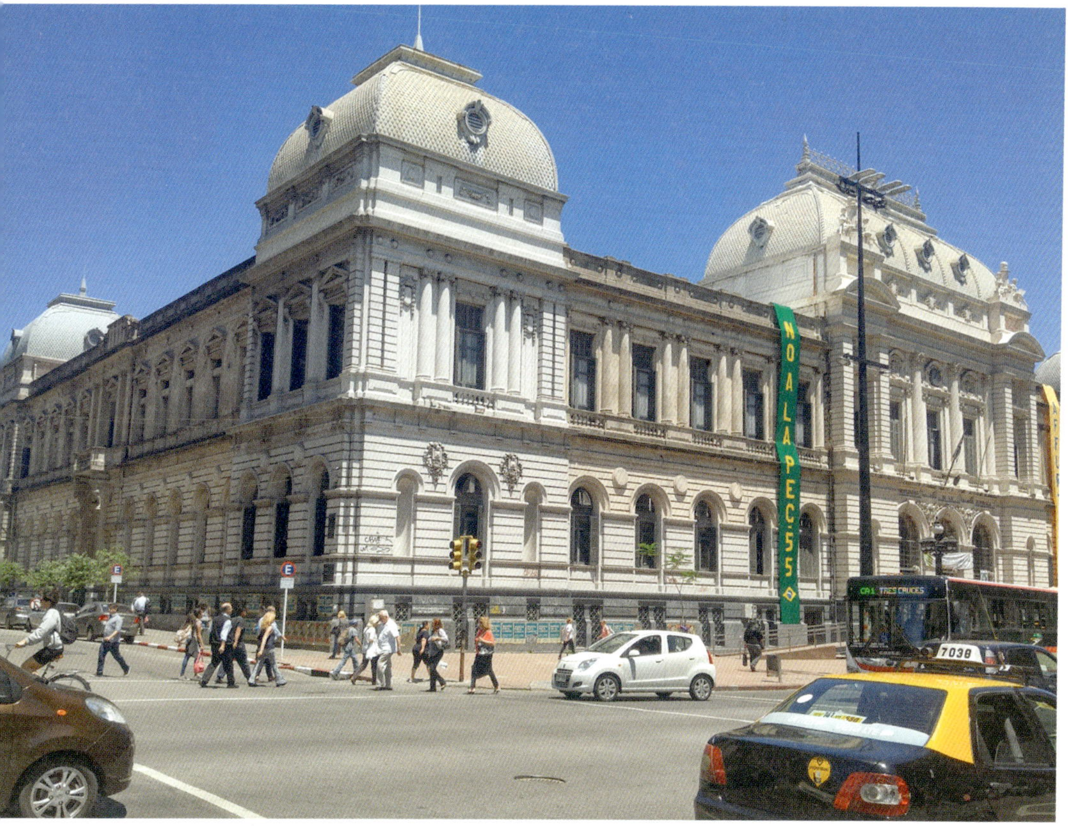
NO A LA PEC 55
TRES CRUCES
7038

몬테비데오 · 2

- 우루과이 · 3

넓은 거리 창연한 건물
영웅들의 광장 지나

비탈진 뒷골목에
한국식당 '명가' 간판

멀리도
와서 섰느니
갈길 위의 저 탱고춤

Navidad Mágica
Navidad Mágica

KOREAN RESTAURANT 명가

DFS
BLU
HIPER STORE
SMARTPHONES
SKY
DEVICES
CASA BO
NEPA

파라과이 편

아재요! 아지매요!

파라과이

중무장 경비대가 국경을 서성여도
마음껏 오고 가라 검색도 없는 나라
부산한 읍내장처럼 싸구려에 고가품

아재요 아지매요 옷가게에 줄을 서고
입맛을 알았음인가 마늘꾸러미 내미는
이런 삶 우리 기적이 이 나라의 내일이길

Brands
For
Less

CONCO

GUGU
SANI
ELA
GUGU

브라질 편

궁휼히 보듬으셔

리우데자네이루 전경

범죄 이미지

브라질 포스 도*에 비바람 몰아친다
저길 끝 가물한 그리움의 가로수들
달포의 먼 길을 돌아 발품 저린 이 아침

껄렁한 반바지 차림 저들이 흉포할까
CLH호텔 여직원의 맵시 찬 친절에서
말끔히 씻겨버리는 이 나라 범죄 이미지

*이구아수 폭포 인근 파라과이, 아르헨티나와의 브라질 국경도시

개성동문회

삼십일 년 김영호 오십일 년 김규열
이민의 세월에서 우리를 반긴 분들
상파울 최고급 식당 포고디숑 거한 만찬

부산상고 김영호 개성중학 김규열
오늘은 개성고교 개성중학 개성동문
상파울 밤은 깊어라 우리 앞에 그 누구랴

김영호(맨 우측)

김규열(우측)

상파울 사장 김영호

삼 년 선배 김영호님
내 후배를 만나야지

불편한 몸을 하고
공항 환영도 눈물겨운데

최고를 한번 누려라
큰 지갑도 다 비우셔

츄라스코 바비큐 요리

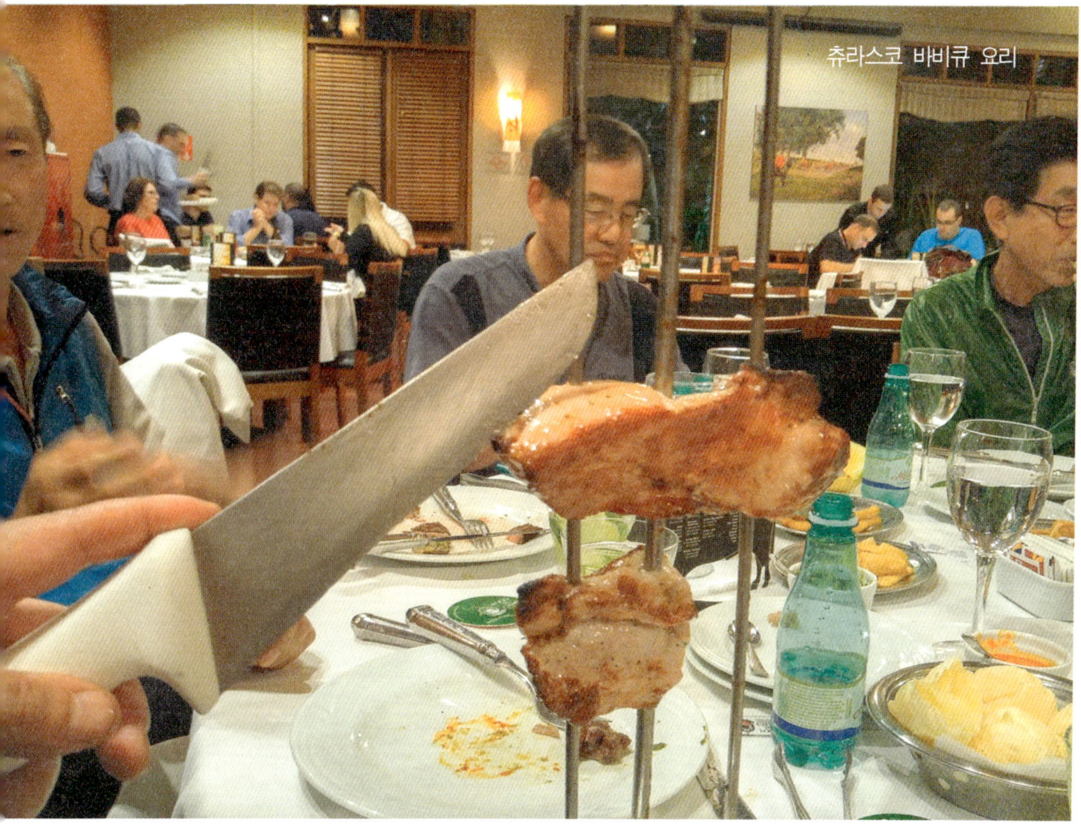

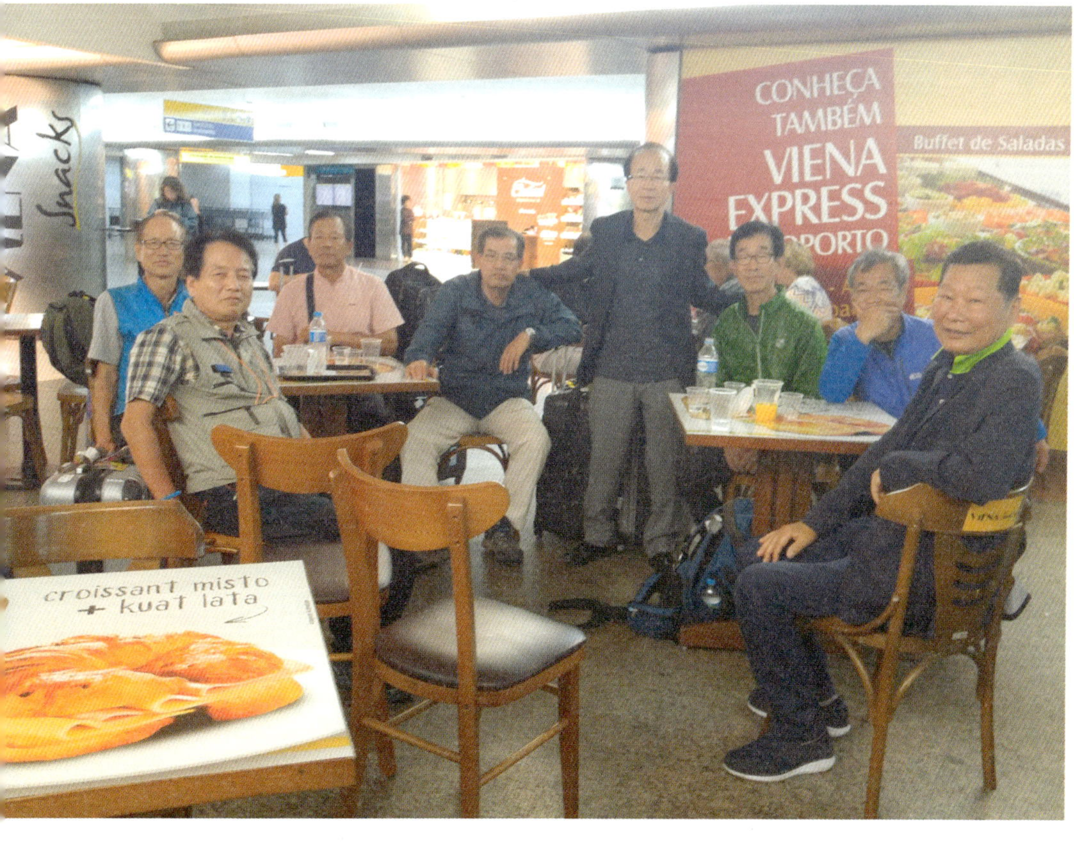
CONHEÇA
TAMBÉM
VIENA
EXPRESS
Buffet de Saladas
Snacks
croissant misto
+ kuat lata

변호사 김규열

교민의 변호 위해
은퇴 미룬 변호사

낯선 여행 친구들의
보호 또한 변호사일

김규열 비운 하루에
상파울쯤 저 눈 아래

상파울

윗선이 부패하여
아랫선에 눈을 감고

아래는 또 그 아래
범죄와 결탁한다는

아닌걸,
제격의 도시
제격의 저 사람들

리우 예수상

높여 세운 사람들을
긍휼히 보듬으셔

해년의
일천만 경배
오늘은 구름 위에

하 먼 길
무건 발품을
내려놓고 눕습니다

코파카바나해변

남대서양
코파카바나해변
십이월 수영

이 나라 마지막을
나신으로 품어 안고

돌아가
한평생 어일
풀어 풀어 나 따뜻할

중남미 여행 사십오일의 대미

돌아간다 집으로 별처럼 멀리와서
중남미 아홉 개 나라 사막에서 밀림에서
오려나 손 꼽던 오늘 돌아간다 집으로

Coca-Cola

빵지 아스카르 -- 빵산

〈해설〉

별처럼 멀리 와서

중남미 9개국 대장정, 그 45일의 기행시조

오종문 (시인)

1. 신발 끈을 동여매면서

서석조 시인의 『별처럼 멀리 와서』는 '중남미 9개국 배낭여행 45일 그 대장정의 기록'인 기행시조집이다. 멕시코에서 시작해 쿠바, 페루, 볼리비아, 칠레, 아르헨티나, 우루과이, 파라과이, 브라질 땅을 온전히 발로 밟고 그 느낌을 시로 승화시킨 기록이다. 작가의 말에서 "사람살이는 어느 나라나 한가지로 참 뜨거웠으며, 나눠주고 양보해주고 값 깎아주고 모르는 길을 친절히 가르쳐주었습니다.// 그 눈에 보이는 모두가 새롭고 경이로워서 그때그때의 감흥을 사진과 글로 새겼습니다." 라고 밝혔듯이, 여행이란 익숙한 곳에서 낯선 곳으로 떠나 한 번도 경험하지 못한 특별한 느낌, 색다른 이야기를 가슴에 안고 돌아와 삶 속에 내려놓는 일이다. 무엇을 보러 가는 것이 아니라 수많은 나를 만나기 위해 "한 달 반 별천지에서 나 비워 너 채우면/ 가볍게 펴진 나래에 환히 빛날 우리 여일"(「친구 여섯 명」)을 기대하며 중남미 기행은 시작된다. 한 번도 가보지 못한 남미, 필자도 세계지도를 펼쳐 놓고 시인의 여정을 따라가면서 고통과 땀내와 호흡을 느끼고, 여행자가 보고 느낀 행간을 읽어가면서 배움의 기대와 흥분, 설렌 마음으로 신발 끈을 동여매고 마법의 양탄자를 타고 시간과 공간의 장소를 뛰어넘어 시인의 기행 시편을 따라나선다.

2. 멕시코 기행시편 – 너희 죄를 사하노라!

마법의 양탄자는 낭만과 열정의 나라 멕시코로 방향을 잡는다. 원주민들이 건설한 호수 위의 섬, 그리고 점령군 스페인이 호수를 메워 건설한 수도 멕시코시티로 날아가는 동안 시인 여행자가 앞서 다녀온 멕시코를 생각했다. 그 땅에 융성했던 아스테카·마야의 고대 문명부터 통텍·테오티우아칸·올멕 문명 등 다양한 인디오 문명을 건설한 원주민 메스티소, 몰라토 등의 인종이 얽혀 살아가는 오늘날까지 토착문화와 외래문화가 융합돼 빚어낸 새로운 멕시코를 만난다는 신선한 경험에 흥분되는 사이 멕시코 국경에 접어들었다. 황금으로 뒤덮여 있었고, 황금 때문에 멸망했고, 황금의 추억으로 살아가는 땅, 고원에 자리 잡은 수도 멕시코시티에 도착했다. 여행자는 그 첫 느낌을 "한국의 토종 박새가 '삼만 리 먼 이역 멕시코시티 포탈레스에' 마주한 첫 풍경은 남미인의 특질인 머루빛 눈동자"였다고 고백한다. "마야문명 공주일까 동방 남자 홀리는 눈", "한번 쿵 발을 울리면 옹달우물 찰랑댈 듯"(「박새처럼 날아와서—멕시코시티 1」)한 첫날밤을 보내고, 다음 날 아침 도시의 중심가를 걷는다. 식민지 풍 건물과 현대적 건물이 뒤섞인 도심은 인파와 차량으로 붐비고, 거리에서는 "너덧 걸음 간격으로 줄지어 선 호객꾼들"과 "부패한 대통령은 자리에서 물러나라/ 경찰들의 호위 아래 부르짖는 시위대"(「민주가 살아 숨 쉬는—멕시코시티 2」)를 보면서 소칼로라 이름 붙인 대형 광장에 이른다. 멕시코 여행이 시작된다는 곳이다. '기반'이라는 소칼로 광장 주변은 센트로 히스토리코라 불리는 세계문화유산 지역으로, 이 광장에서 멕시코대성당을 만난다.

> 한낮을 울려대는 종소리가 청아하고
> 너희 죄를 사하노라 눈 맑아진 후예들이
> 소칼로 한복판 우뚝 깃대를 세운 오늘
>
> 대성당 지하 깊이 생매장한 정복자여
> 보아라 오백 년에도 감지 못한 저 눈을
> 앞마당 유리판 아래 돌 귀퉁이 아스테카
>
> —「멕시코대성당—멕시코시티 3」 전문

대성당 정면 두 개의 화려한 종탑이 눈에 들어온다. "한낮을 울려대는" 청아한 종소리가 예수님을 향해 무릎 꿇고 기도하는 사람들을 향해 "너희 죄를 사하노라"란 듯 울려 퍼진다. 아스테카가 세운 태양신전을 부수고 성당과 부왕청을 세운 스페인, 화려하고 웅장한 대성당 아래로 묻혀버린 돌들이 아스테카 제단의 흔적이다. 여행자는 "대성당 지하 깊이 생매장한 정복자여/ 보아라 오백 년에도 감지 못한 저 눈을 / 앞마당 유리판 아래 돌 귀퉁이 아스테카"라면서 가난하고 힘들었던 식민 지배 하의 원주민들과 혼혈인의 멕시코 사람들이 그 위에 지금까지의 모든 역사를 끌어안으며 새 역사를 써나가고 있다고 말한다.

여행자는 다시 아메리카 대륙에서 가장 큰 피라미드 유적을 만난다. 고대 멕시코의 흔적 위에서 가슴이 먹먹해지는 것은 그 높이 때문만은 아니리라. 전설 속 신들의 도시, 죽은 자가 신이 되는 곳, 낯선 이들의 기대와 환영을 품에 안은 채 '인간이 신이 되는 장소'란 뜻의 테오티우아칸이 고산지대에 우뚝 서 있다. 현실 문명과 단절된 채 웅장한 외관을 드러낸 가파른 계단을 오른다. "무기록 무언의 역사 마야 문명의 유적"인 "테오티우아칸에서 말문 아예 닫아걸고/ 불가해不可解 넋을 놓는다"(「마야문명, 테오티우아칸—멕시코시티 4」). 아스테카 인들이 테오티우아칸을 발견한 뒤 신들의 도시로 떠받들었고 태양과 달의 신화를 만들어냈다. 여행자는 죽은 자와 신이 만나는 곳으로 걸음을 옮긴다. 달의 피라미드와 태양의 피라미드 사이를 가로지르는, 제물로 바쳐지는 인간이 오갔던 '죽은 자의 길'을 걷는다. "달은 달 해는 해의 높이까지 오르리라/ 산 자는 단을 쌓고 죽은 자는 길 닦"던 뙤약볕과 고산지대의 가쁜 호흡을 기꺼이 끌어안는 고행을 맛보며 신을 위한 인간 제물이 오가던 성스러운 길을 걸으면서 여행자는 어떤 생각을 했을까? "제사장 엄한 율령에 명멸해간 억만 생령"들이 피로 물들었던 신전 위를 기어코 오르려는 사람들, "훗날의 우리 후예는 오늘을 경배하"는 마음으로 고대도시를 가로지르는 인간들의 마음이 더 숙연하고 먹먹하다. 여행자는 그 마음을 뒤로 한 채 "예순 한 명 콩나물시루 같은 버스를" 타고 "마야 문명 엘 카스티요 열두 시간 관광길"(「모를 일—칸쿤 1」)에 오른다.

시인 여행자가 버스를 타고 간 그 길을 필자는 양탄자를 타고 마야 신인 쿠쿨칸을 위해 지어졌다는, 완벽한 천문학적 디자인의 피라미드가 있는 "멕시코 유카탄반도 치첸잇사 엘 카스티요"(「치첸잇사 엘 카스티요—칸쿤 2」)에 향한다. 밀림을 빠져나온 태양이 이글이글 불탄다. 시야가 확 트인 평원이 나타나고, 그 안에 우뚝 솟은 건축물이 반긴다. 스페인 어로 성城을 의미하는 카스티요라고 부르는 마야의 피라미드다. 들

뜬 마음이 이곳에 들어서자 숙연해진다. 뱀의 신, 멕시코의 아스테카와 톨텍 문명에도 등장하는 수호신 쿠쿨칸(깃털 달린 뱀)에게 봉헌된 성이다. 숨이 벅찰 만큼 가파른 계단이지만 걸음을 멈출 수가 없다. 피라미드 정상에 서서 마야가 남긴 밀림 속 궁전을 확인하고 싶은 마음에서다. 도시 유적만 남기고 바람처럼 사라진 마야, 그 전설을 눈으로 확인하고 싶은 마음에 발길이 급하다. "싸움에 이긴 자의 산 심장을 먹여 키운/ 쿠쿨칸 신의 주술이 해를 달궈 뜨"거운 카스티요 연단에는 태양신에 바쳐진 인간 제물들의 해골상과 인간의 심장을 물고 있는 독수리상이 조각되어 있다. "찬양하는 마야문명 그 죽음이 얼마인가/ 새겨진 해골 담장이 끝 간 데 없이 숨차서/ 후예는 코를 낮추고 해원의 조각"을 한 것이라며, 여행자는 시작도 끝도 알 수 없는 문명에 젖으며 "돌아갈 저만큼에 우리 집들의 안락/ 삶이란 저잣거리의 허기 깁는 노역이라/ 뒤돌아 지갑을 열고 돌칼 하나 매만"지면서 장엄하고 화려한, 풀리지 않는 마야문명의 신비를 가슴에 묻고 칸쿤으로 걸음을 돌린다.

저 멀리 휴양도시 유카탄 반도의 동북쪽 해안선에서 조금 떨어진 섬, '무지개가 끝나는 곳에 있는 매'라는 뜻의 마야족 '칸쿠네'를 줄인 칸쿤이 보인다. 카리브 해의 파도가 밀려오고, 산호가 파도에 부서진 하얀 모래들이 아름다운 밤 "숙소의 테라스에 초승달이 반짝"떴다. 그 달에 대책 없이 센티멘털해지며 "아 그대/ 보시나요 달/ 우리 하나인 저 달"(「보시나요 달—칸쿤 3」)을 바라보며 지구 반대편에 있을 누군가를 그리워하는 밤이 너무 길다.

다음 날 마야 여인의 조각상들이 발견되어 '여인의 섬'이라 불리는 이슬라 무헤레스로 향한다. 아직 때 묻지 않은 한적한 휴양 마을의 여유로운 분위기를 느낀다. "나 그대 가슴 언저리 턱없이 꿇어앉아/ 카리브 해 한 여울 저 갈증을 어이하나"(「여인의 섬—칸쿤 4」)며, "나 마냥 모래를 쌓아 북두성에나 닿"겠다면서 낙원을 두고 떠나야 하는 여행자 스스로를 위로 하는 마음을 뒤로 하고, 필자 또한 돌아가고 싶은 마음과 머물고 싶은 마음이 교차하는 유혹의 손길을 뿌리치고 양탄자에 오른다.

3. 쿠바 기행시편 – 따르라! 탐미하여라!

양탄자는 유카탄 해협을 건너 매혹의 땅 쿠바 섬으로 향한다. 멕시코 만과 카리브 해의 파도가 일렁인다. 모두가 평등하게 가난하지만 가난의 흔적이 없는 곳, "긴 세월 허기지고 거센 바람 몰아쳐도/ 잠자듯한 고른 숨결로 누워있는 대평원/ 곱다시 피를 끓이며 까치발을 들 수밖에"(「아바나」)없는, 쿠바 희망을 꿈꾸는 수도 아바나에 들어서자 "뒷골목 어두운 거리 호젓이 비 내린다/ 검은 색은 희어지게 흰색은 검어지게" 내리는 비는 이 도시의 뒷골목 낡아 스러질 것 같은 풍경에 운치를 더한다. "어느 별나라 통신"이기에 "인터넷이나 와이파이"를 쓰려면 5성급 호텔 몇 곳에서 시간당 만 원을 내야 쓸 수 있는 나라, "무너지고 부식하여 이끼 서린 집"(「센트로 아바나」)에 살면서도 환하게 웃고 있는 시뇨리타의 천진난만한 웃음 뒤로, 모든 것이 부족한 도시의 일상에 비만큼은 아낌없이 쏟아진다.

체 게바라, 카스트로, 굶주림은 면해야지
오십 년대 자동차가 경적을 울려댈 때
소나기 난데없어라 환전소에 묶이는 발

타고르가 모셔져서 파도가 잦아들고
칠레에서 온 신사가 말을 걸어오는 사이

뒷골목 저 밀려난 집, 눈 코 입 다 뭉개져
—「밀려난 집, 아바나」 전문

체 게바라와 카스트로 등 17명이 바티스타 정권을 축출하고 이룬 민주주의 혁명, 그리고 구소련의 붕괴 이후 원조가 끊기고, 미국의 경제봉쇄로 쿠바인들의 삶은 피폐해졌다. 페인트칠이 벗겨진 건물이 늘어선 골목, 박물관에 있어야 할 "오십 년대 자동차가 경적을 울려댈 때" 도로와 낡은 혁명 구호조차 근사한 배경이 되는 도시의 풍경, "뒷골목 저 밀려난 집, 눈 코 입 다 뭉개져" 앓고 있는 짐승처럼 납작 엎드린, 건드리면 바스스 스러져 내릴 것 같은 집들, 노후 건물이 가득한 도심은 영광의 절정에서 그대로 성장을 멈춰버린 것만 같다. "전쟁의 역사는 유물만 남겨놓은 채/ 병사들과 가족들 전몰은 어느 하늘에/ 모로와 산살바도르 산까를로스 요새"(「요새, 아바나」)에서 쿠바의 운명을 생각한다. 스페인이 프랑스와 영국, 네덜란드 해적 침입으로부터 쿠바를 지켜준 모로 요새와 산까를로스 요새. 쿠바 아바나를 신대륙 지배를 위한 전략적 요충지이자 무역 중개소로 활용했던 그 침략사를 두고, 여행자는 "인민이여 노래 불러라 포신들의 거리에서/ 싸늘히 거꾸로 박혀 그날들을 증언하"라고 말한다.

"쿠바 체류 삼일 째 비날리아스 가는 길"(「저 친구 와 저라노!」)에 체 게바라를 생각한다. "아바나 외곽으로 네 시간 버스 거리/ 드넓은 평원으로 수목 울울 물 철철에/ 바나나 약간의 농사 저 여유론 비옥토// 시가 담배 말아 팔며 가난쯤은 노래와 춤"(「비날리아스 가는 길에」)이 영혼인 이곳을 찾는 이유는 단 하나다. 체 게바라가 잠들어 있는 곳이기 때문이다. 아르헨티나 중산층 자녀로 의사를 꿈꾸던 청년, 낡은 오토바이 한 대로 중남미를 여행하다 멕시코에서 카스트로를 만나 쿠바 혁명을 완수하고, 콩고 혁명 가담 후 볼리비아에서 게릴라 활동을 벌이다 총살당한 혁명가. 가슴 속에 늘 불가능한 꿈을 간직하자던 이상가의 혁명의 숭고한 이념 따위는 진작 팽개친 쿠바 서민의 맨 얼굴을 뒤로 하고, "헤밍웨이, 그가 살던 갯마을 코히마르"(「헤밍웨이의 코히마르」), 「노인과 바다」의 배경이 된 어촌 마을로 향한다. 7년 동안 헤밍웨이를 열광시켰던 것들이 오늘의 쿠바를 먹여 살리고 있다. 여행자는 헤밍웨이 흉상을 쓰다듬은 후, 그의 단골 술집에서 창밖 바다를 배경으로 라이브 음악을 들으며 그가 마셨던 모히또(럼주에 민트를 넣어 만든 칵테일)를 기울이며 묘한 기분에 젖는다. 노인은 세상을 떠났지만 그의 가족들은 남아 옛 추억을 되새김질 하고 있다. "순정한 미소의 유니 전담 요리사 유니/ 푸른 호수 눈동자에 향수가 어린듯해/ 흑인의 아린 삶일까 애잔한 마음"이 가슴 속 깊이 파고들 때 "유니, 그래서 쿠바, 그래서 더 그리"(「그래서 쿠바—유니」)운 건 저 태양과 노래 때문이 아닐까. 카리브의 열정이 녹아든 음악은 그들 삶의 가장 큰 무기이자 위안이었으며, 어떤 상황에서도 삶을 포기한 적이 없는 그들의 노래를 들으며 다음 여행지 페루로 떠나기 위해 서둘러 양탄자에 오른다.

4. 페루 기행시편 – 높여라! 나를 높여라!

매력의 도시 리마, 잉카 문명의 중심지 쿠스코, '공중도시' 마추픽추, 갈대가 섬을 이룬 티티카카 호수 등 단 하나의 수식어로 설명이 불가능한 나라, 누구나 한번쯤 꿈꾸었을 여행지 페루를 향해 양탄자는 날아간다. 잉카 후예들이 살고 있는 문명의 땅, 칠레와 에콰도르 사이에 위치하면서 남아메리카에서 유일하게 고대 문화유산을 간직하고 있는 페루를 생각하는 동안 양탄자는 수도 리마에 이른다. 깎아지른 절벽에 건물들이 아슬아슬하게 버티고 있고, 도로를 꽉 채운 차량들이 내뿜는 매연을 마시면서 여행자는 익숙한 풍경을 만난다. "육칠십년대 부산의 서면 거리를 가면/ 가요 가요 송도 송도 외치던 차장 누나"(「차장 누나—리마 1」)들의 펄펄 살아 있는 배짱과 오기를 만난 후 황금박물관에서 잉카의 얼굴을 만난다. 세계 어디에도 없는 '앉은 자세의 미라', 다양한 무늬가 새겨진 직물을 두르고 장신구까지 걸친 미라를 보면서 "이천 년을 내달려와 오늘을 숨 쉬"는 것이 "살아서 이리 죽으나 죽어서 이리 사"(「황금 박물관에서, 미라—리마 2」)는 게 같다고 말한다. 황금의 땅에서 태양을 모시고 영원할 것 같았던 이들도, 침략자들에도 죽음은 있었고, 우리도 죽을 것이란 걸 알지만, 지금 이 순간만은 먼저 간 잉카인들의 역사를 헤아린다.

여행자는 아르마스 광장과 붙어 있는 리마 대성당에 서서 리마를 건설한 피사로를 생각한다. 스페인의 정복자 "피사로 그를 밟고 리마가 들끓는다/ 거룩한 집을 지나 산비탈 위태한 집/ 거리의 인파를 거쳐 걸인 몇 애틋해도// 대통령궁 위엄이야 경호병의 부동자세/ 아르마스 광장 가득 꽃처럼 구름처럼/ 북치고 나팔을 불며 희희낙락 저 사람들"(「제국 잉카—리마 3」)은 누구일까. '왕들의 도시' 그 이면엔 인산의 탐욕과 전쟁의 비극, 삶의 고단함이 진하게 배어 나온다. 부를 위한 탐욕의 종말, 인생무상, 피의 대가를 보여주는 광장에서 "성 프란치스코 지하 묘혈의 어둠을 훑어/ 침탈을 형해화 하는 저 당당한 잉카 보무"(「대통령궁 의장 행렬—리마 4」)를 보면서 마음 아파한 채 수도 리마를 벗어나 새의 섬 바예스타로 향한다. "가난한 자들의 갈라파고스"라고 불리는 페루의 섬, 새똥의 축복과 저주를 내린 19세기 새똥전쟁의 원인이 되었던 새들의 배설물 퇴적층 구아노. 고요한 바다 위의 섬 같은데 머리 위로 새 떼가 어지러이 날고, 바다사자 울음만큼이나 요란한 섬이다. "제 나름 살아내며 멋에 겨운 바다사자와/ 한 점 모이 빌지 않고 억년 사는 새들하며/ 한 뼘 섬 둥지 값으로 사막 사람 살린단다// 누만 년 적층의 구아노를 긁어 팔아/ 흥청망청 배 두드리며 살던 시절 있었다니/ 미물의 사는 이치가 사람살이 못잖단다"(「새 섬, 바예스타—리마 5」)면서 바예스타의 생물들은 사람이 그들의 삶을 훔쳐보든 말든 상관하지 않고 그저 시끌벅적 어우러져 살아갈 뿐이라고 말한다.

이제 페루의 오아시스 도시 이카, 태평양과 마주한 거대한 사막으로 향한다. 잉카 제국이라고는 상상할 수 없을 정도의 모래사막과 거대한 모래언덕이 뒤덮고 있다. 죽음의 사막이다. "아무려면 물쯤이야 모래를 씹을 동안/ 거꾸로 내리박히는 썰매의 묘술인지" 모래언덕의 급경사를 내리질러 쾌감을 맛보면서, 거대한 사막의 바람을 가르며 질주해 "태양이 녹즙을 줄줄 오아시스"(「이카 사막—리마 6」)를 떠나 쿠스코로 걸음을 옮긴다. 정복자의 침입과 잉카인들의 역사적 사연만으로도 가슴 뛰는 잉카 문명의 중심지이다. 대자연의 위대함과 아름다움이 "하늘 아래 막다른 비알 호흡마저 줄여내며" "불가능 경물의 위엄 신인 듯 높이 앉"(「신인 듯 높이 앉아—쿠스코 1」)은 우주의 배꼽 '쿠스코'. 잉카인들은 수도를 그렇게 불렀다. 제국과 풍성한 음식을 제공하는 지하의 땅, 태양과 달과 별이 있는 하늘이었다. 오직 공중에서만 그 모습을 볼 수 있다고 해서 '공중도시'라 일컬어지는 '옛 봉우리'라는 뜻의 마추픽추다. 돌로 이루어진 고대 도시에는 아직도 태양의 신전, 산비탈의 계단식 밭, 지붕 없는 집, 농사를 짓는데 이용된 태양 시계 등의 유적이 그대로 숨 쉬고 있다.

경배의 마음만으로 나를 우러러보라
오만한 자 무릎 꿇고 질환자는 희생하라

오로지 나의 호명이 너희의 생사려니

달문을 쌓은 자는 물의 정령에 임하고
해문을 쌓은 자는 재생에 임하리니
높여라 나를 높여라 돌 깨고 돌 다듬어
—「제사장—마추픽추 1」 전문

존재도 알 수 없고 접근조차 어려워 '잃어버린 도시'로 알려진 마추픽추, 초목이 무성한 우루밤바 강과 기암절벽에 둘러싸인 존재 자체만으로도 신비로운 안데스 산맥 꼭대기에서 신성한 신전의 제사장이 된다. "경배의 마음만으로 나를 우러러보라"면서 "오만한 자 무릎 꿇고 질환자는 희생하라/ 오로지 나의 호명이 너희의 생사"라고 주술을 왼다. 마침내 제사장의 주술은 "달문을 쌓은 자는 물의 정령에 임하고/ 해문을 쌓은 자는 재생에 임하리니/ 높여라 나를 높여라 돌 깨고 돌 다듬어"라고 마지막 주술을 왼다. "이슬이나 한 방울/ 심장을 데워내"면서 "그 누가/ 침탈을 하랴/ 죽음 위에 선 사람들(「죽음 위에 선 사람들—마추픽추 2」)의 영혼을 위로한다. 잉카인들은 무슨 이유로 걷기에도 숨가쁜 이 고원에 도시를 선설했을까? 마추픽추가 내려다보이는 곳에 또 하나의 도시 '와이나픽추(새로운 봉우리)'가 있다. 잉카인의 얼굴을 닮았다는 와이나픽추에서 여행자는 "어머니, 여기 올라 잉카의 아들입니다/ 돌 갈고 뼈를 깎아 올려 세운 망루에서/ 기꺼이 한목숨 내려 돌아가지 못합니다"(「잉카의 아들—와이나픽추 1」)라며 망루와 다랑이 밭을 보면서 피난 요새임을 확인한다. 정교하게 돌로 쌓은 경이로운 건축술, 산비탈을 계단처럼 깎아 옥수수를 경작했고, 구리를 쇠처럼 제련해 썼던 잉카 문명의 최후의 도시가 이곳이다. "마지막 한 개의 다듬돌을 올려놓은 자/ 신은 여기 없더라 소리소리 질렀을까/ 아무리 오르려 해도 못 올랐을 신의 허구// 석축의 높이만큼 노역은 자심하여/ 들끓은 모반이라도 무수히 일었는지/ 불가사의 그 사람들"(「불가사의 그 사람들-와이나픽추 2」)은 다 어디로 갔을까 생각하는 순간, 바다 같은 호수 저 멀리 눈 덮인 안데스 산맥이 보인다. 설산의 매혹적인 자태가 호수 건너편에서 여행자를 유혹하고 있다.

세계에서 가장 높은 곳에 위치한 호수 "지상 해발 최고 높이 푸노 티티카카호"에서 "풀을 묶어 배 만들고 풀을 까서 씹어 먹는/ 물과 풀의 수상 삶이"(「피정복 피난살이—페루 푸노 우로스」) 전부인 원주민의 삶을 피부로 느낀다. 푸른 티티카카호수와 수많은 섬들이 만들어내는 경이로운 풍경, 알록달록한 옷을 입고 까만 머리를 길게 땋은 인디오 여자들의 타고난 밝은 천성은 이 도시와 사랑에 빠지지 않을 수 없도록 한다. 동쪽 페루에서 시작된 호수는 서쪽 볼리비아에서 끝난다. 우로스 섬을 마지막으로 페루 여행을 마치면 볼리비아로 가게 될 것이다. 이 티티카카를 떠나면 이제 페루와는 작별이다.

5. 볼리비아 기행시편 – 산이여! 높아만 져라!

티티카카는 그렇게 끝이면서 시작인 호수였다. 칠레와의 전쟁으로 태평양 해안의 땅을 빼앗기고 바다가 없는 내륙국가가 된 볼리비아, 티티카카 호수와 그 한가운데에 잉카 문명을 품고 홀로 떠 있는 "수천 수만 다락 밭인/ 티티카카호 태양의 섬"에서는 현대적인 문명에서 태고의 전설을 머금고 살아있는 고대 문명의 기억을 줍는다. "저토록 한 뼘 한 뼘/ 삶이 곧 죽음이게// 핍박이 그 얼마였기/ 불모의 땅 여기"(「삶이 곧 죽음이게」), 그것이 자의든 타의든 간에 이 땅을 택했느냐고 자문

한다. 절대적인 힘의 차이가 있는 두 문명이 충돌할 때 약자가 직면하는 문명의 몰락을 두 눈으로 확인한다. 잉카 문명이 그렇게 몰락한 것이 아니었던가.

세상에서 가장 높은 위치에 자리 잡은 수도 라파스를 향해 양탄자는 날아오른다. 희박한 산소 때문에 숨이 차고 양탄자의 속도도 더디다. 안데스 산맥의 알티플라노 대평원 한가운데 위치한 고지대 도시 알토 라파스에는 안데스 시골에서 도시로 나온 가난한 인디오들이 자리 잡은 공항 근처의 슬럼가이다. 해발 2백 미터를 사이에 둔 외국인들이 사는 저지대와는 공기의 질이 다르다. 그 공기의 차이는 소득 불평등과 밀접하게 연관되어 있으리라. 여행자 또한 이 도시를 처음 방문했을 때 "가없는 비포장 길 쓰레기 뒤지는 걸인/ 한적한 골목길 어귀 미라 같은 노인께// 거리거리 무지막지 나뒹구는 쓰레기/ 녹물이 줄줄 흐르는 낙후된 수도시설" "여행 위험 일위국 낙인찍힌 이 나라에/ 도깨비 방방이 하나 금 나와라 내렸으면"(「도깨비 방망이 하나」) 하는 간절한 마음은 라파스를 떠나는 그날까지 여행자 눈에 밟혀 "잘 살았으면 좋겠다/ 볼리비아 볼리비아"(「라파스를 떠나며」)를 되뇌며 우유니 사막으로 향한다. "우유니 행 아홉 시간 사막 밤길 운행 버스"를 타고 "달빛도 삼아채버려 저 어두운 동네 집들"(「마이 하우스 오케이—우유니 사막 1」)이 있는 숙소에 당도한다.

마침내 우유니 사막 한가운데 섰습니다
일만이천 제곱 킬로 이십억 톤 매장량의
이 무한 소금 바다에 꿈속인 양 섰습니다

순정한 이 순간을 절이고 또 절여서

한 점 저 검은 고래 형상의 좌표로 서서
육각의 징검돌 무한, 오는 그대 맞습니다

—「징검돌 무한—우유니 사막 2」 전문

여행자는 상상했던 사막이 실물로 다가온 순간 가슴이 벅차 숨조차 쉬기 힘들었을 것이다. 거대한 거울이라고밖에 표현할 수 없는 "마침내 우유니 사막 한가운데 섰습니다"란 한 줄 시로 소감을 표현한다. 하늘 호수라는 말 외의 다른 수식어가 필요 없는 곳, 호수가 하늘을 품고 싶어서일까, 사막이 바다를 기억해서일까. "이 무한 소금 바다에 꿈속인 양" 잠시 현기증을 일으키며 "한 점 저 검은 고래 형상의 좌표로 서서/ 육각의 징검돌 무한, 오는 그대"를 맞는다. 하늘과 땅의 경계가 없어 오직 하늘만이 존재하는 소금 사막에 누워 금방이라도 품안으로 파고들 것 같은 별들과 열사흘 환한 달을 바라본다. 여행자의 몹쓸 욕심까지도 달빛에 드러나는 것을 애써 감추며 "사만 리 외딴 멀리 눈치 볼 무엇 없어/ 굽고 젖은 마음들 하나 없이 꺼내놓고/ 이 지상 더없이 맑은 달빛으로 바"(「사만 리 외딴 멀리 —우유니 사막 3」)래기를 희망한다. "견주어 바글대며 때 없이 부린 욕심"을 내려놓고 숨 가쁘게 달려온 지난 여정을, 삶을 돌아보는 시간을 갖는다.

소금 사막의 숙소 "호스탈 떠나 칠레 향해 가는 길" 몸도 마음도 무겁다. 우유니 사막 대장정의 길 "메말라 모래뿐인 햇살 뜨건 산야에"서 노란색 풀들이 질긴 생명력으로 뿌리 내리고, "홍학이 춤을 추고 물고기가 솟구치"는 놀라운 적응력을 확인하고, "육백이십오 리 길에 개선장군 길을 가"면서 마침내 "열한 시간 대장정 끝 종착지"인 붉은 빛깔의 호수가 있는 라구나 꼴로라다에 도착한다. "볼리비아 마지막 밤 달 둥실한 추운 사막/ 사천이백칠십 고지란 가쁜 숨에 시달리며/

이 나라 사막 사막의 푸른 숲을 그"(「우유니 사막 대장정 1」)리느라 여행자는 한동안 잠을 못 이룬다. 볼리비아 사막의 대장정 끝 "고지대 사막 숙박은 추위와 호흡의 싸움"을 이겨내는 고통이 따랐다. "냉방에다 가쁜 호흡 쪽잠도 새우잠도" 제대로 잘 수 없는 "극한의 체험을 하"는 것이라 자위하며 잠이 든 것 같은데 눈부신 아침이다. 그 날 살아있는 화산의 신비, 솔 데 마냐나에서 "광막한 사막 복판 화산이 펄펄 끓"는 곳에서 "노천의 온천욕"을 즐기고, 한결 가벼운 몸으로 칠레로 이동하기 위해 국경검문소에서 입국 수속을 밟는다.

6. 칠레 기행시편 - 아카시 저리 피는가!

볼리비아 국경을 거침없이 넘은 양탄자는 지구에서 가장 건조한 칠레 아타카마 사막 상공을 날고 있다. 모래 언덕, 운석 구멍들, 말라붙은 고대 호수 등의 풍경은 마치 달 표면을 연상시킨다. 사막 중심부에서는 살아있는 것을 발견하기 어려운 볼리비아와의 국경 마을이다. "줄 하나 넘어선 여기 사막 아닌 사막의"(「산페드로 아타카마」) 산페드로 아타카마에서 사마 위에 세워진 광산도시 칼라마로 향한다. 그리고 다시 두 시간 비행길인 칠레의 수도 산티아고로 향한다. "무지개색 무한 사막 초목 하나"도 보이지 않는 사막을 날고 "울퉁불퉁 산악 아래 실핏줄 푸른 밭갈이/ 인공의 오아시스가 안약처럼 눈 맑"히는 순간 "사람이 사는 땅인가 참았던 숨 내"(「칠레를 날다」)쉬면서 산티아고 이모네 숙박집에 여정을 푼다. "십일월의 이모네 민박집" 익어 가는 오디 때문인지 "묵은지 김치찌개에 쌓인 피로 확 풀"(「산티아고」)려 산티아고 시내로 나선다.

저토록 절박할까 대낮의 공원 벤치
처녀 총각 서로 껴안고 눈치 없는 애정행각에
한길을 내려다보며 목이 타는 산타루시아

대로를 따라 걸으며 아우성치는 데모대
버려진 수박 껍질을 주워 씹는 젊은 거지
가엾다 뒤쫓아 가서 적선하려는 우리 친구

남회귀 아리랑 간판 이정표로 새겨두고
우리와 다른 무엇을 휘둘러 찾는 참에
태산목 큰 꽃을 달고 그늘지어 서 있다
—「산티아고 풍경」 전문

동산전망대공원 산타루시아에서 "처녀 총각 서로 껴안고 눈치 없는 애정행각에" 눈살을 찌푸리고, "대로를 따라 걸으며 아우성치는 데모대"를 만나고, "버려진 수박 껍질을 주워 씹는 젊은 거지"(「산티아고 풍경」)에게 적선하면서 산티아고 풍경을 눈에 담는다. 그리고 항구도시이자 식민 도시 발파라이소로 향한다. 다양한 교회 첨탑이 점점이 박혀 있는 언덕과 도시의 주택들이 조화를 이루는 도시 해변에서, 알코올 도수가 높은 "피스코쏘우르 칵테일" 한 잔을 앞에 놓고 그리운 사람들을 생각한다. 어느덧 "불콰한 낮술 한 잔"에 "흑산도 아가씨 한 곡 번지 없는 주막 한 곡"(「발파라이소에서」)조를 뽑아내며 잠시 고향의 정취에 젖는다. "십일월 십팔일에 쌍둥이 손자놈 출생"했다는 소식을 카톡으로 받고, 손가락 꼼지락거리는 사진을 통해 "살폿 뜬 눈을 보"면서 며느리에게 고마움을 느낀다. "오만 리 지구 반대편 산티아고 밤별"(「쌍둥이 손자를 얻다」)을 바라보는 여행자는 어느 새 할아버지 마음이 되어 태평양 건너에 있는 손주가 건강하게 자라기를 염원하며 칠레 남단 마젤란 해협에 있는 도시로 향한다. 남극으로 가는 관문이자 지구상 최남단 도시로 가는 길 "사막과 밀림과 설산과 빙하를 넘어/ 저만치 펭귄의 나라 남극이 숨 쉬고 있는"(「푼타아레나스」) '모래밭의 곶'이란 푼타아레나스에서 버스를 타고 3시간을 달려 작고 아담한 도시 푸에르토나탈레스에 도착한다. 세상 끝이라는 수사가 가장 잘 어울리는 남미의 최남단 파타고니아의 토레스 델 파이네 국립공원 때문이다. 저 멀리 만년설이 쌓여 있는 봉우리들이 어우러져 장관을 이룬다. "육지 최남단 오지/ 설산 아래 성근 저녁"(「푸에르토 나탈레스」) "만년 빙하 가득 실은 태산준령 휘돌아서"(「강남 제비 우리 봄」) 국립공원에 도착했다. 순수한 대자연의 땅, 오롯이 두 발로 내디뎌야 그 신비로움에 닿을 수 있는 "저 산이 솟아나고 이 땅이 낮아지고/ 누구였나 맨 처음 팻말을 꽂은 이는/ 어제는 서방의 청년 오늘은 동방의 장년"이라는 시를 토해 낸 여행자는 "정벌의 말을 달리는 백야의 꿈에 든다"(「토레스 델 파이네 공원」).

"집 떠난 지 한 달째"가 되어 가는 날 파타고니아 당도했다. 야생의 숨결이 살아 있는 곳의 속살을 들여다보고 싶었을까. 팜파스(대초원)의 확 트인 자유로움과 바람의 손길이 여행자의 어지러운 마음을 흩날려 줄 것이란 기대를 품고서 말이다. 그러나 금강산도 식후경이라, 여정에 지친 여행자는 "맛없고 짜기만 해 혓바늘 돋는 현지식에/ 뜨건 밥 갖은 반찬의 군침"이 돌아 아껴둔 비상식량 컵라면을 끓여 먹는 순간, 여행 동료가 "이거 좀 먹어볼라나 내어 놓는 멸치볶음"에 "달포의 기간 동안 잊은 듯 간직하여/ 갈급한 체내 균형의 영양소를 보충해"(「엄마 손맛」)준 엄마의 손맛을 간직하며, 다음 여행지 아르헨티나로 떠나기 위해 양탄자에 오른다.

7. 아르헨티나 기행시편 - 물 흘러 사람 흘러

여행자는 "다섯 시간 내내 달려도 끝이 없는 광막 초원"과 "아득한 저 멀리 담장 같은 설산"을 지나 "구름과 땅 사이의 대평원을 가로질러"(「아득한 저 멀리」) 입국 절차를 마친다. 드디어 아르헨티나 땅이다. 안데스 산맥 꼭대기를 뒤덮은 만년설과 푸른 숲이 어우러져 장관을 이루고, 빙하 호수와 빙하가 있는 엘 칼라파테로 향한다. "하늘이 물에 박히고 물이 하늘에 박혀/ 설산이 쪽빛 물고 또 하나의 하늘이다/ 필설로 다할 수 없는 이 장엄한 절경" 앞에 "와서 보라 와서 보라 그대여 와서 보라/ 나 그만 눈을 돌려 그대를 담을 지니/ 이 세상 어디도 없을 이 장관을 와서 보라"(「엘 칼라파테」) 감탄하면서 알젠티노 호수의 모레노 빙하로 발길을 옮긴다. 이 거대한 빙하는 호수 위에 떠 있는 걸까, 뿌리 깊이 박혀 있는 것일까. 위태롭게 엉켜 붙은 조각들은 대체 어떻게 버티고 있는 것일까. 억겁의 시간을 견디면서 서로 엉켜온 이 거대한 빙하의 푸른빛을 어찌 보지 않을 수 있으랴. 빙하를 보기 위해서는 "이만오천 원 내라"는 상혼에 "어째서 하느님은 이 나라에만 후하셔서/ 돈 돈 돈 마구 생기는 자연조화 부리셨나"(「모레노빙하 1」)며 투정 한 번 부리며 "이 빙하 어찌 안 보고 죽을 수 있겠어요/ 서울서 온 오현숙 여행가"(「모레노빙하 2」)의 말에 공감하면서 "엘 칼라파테 8인실 혼성 도미토리에"서 "나이도 국경도 없이 잊지 못할 첫날밤"(「독일처녀 마이클」)을 보냈다.

다음 날 아침, 파타고니아 엘 칼라파테의 북쪽 산골 마을 엘 찰텐으로 향하는 풍광은 흡사 지구를 떠나는 길 같았다. "물은 흘러 강이어도/ 나무 한 그루"(「엘 찰텐을 가며」) 볼 수 없으며, 인간의 흔적이라곤 찾아볼 수 없는 황량함이 끝없이 이어졌다. 그리고 어느 굽이를 도는 순간 옥빛 호수가 펼쳐지는가 싶더니, 풀 한 포기 나지 않는 메마른 땅이었다가 어느 순간 거대한 설산이 툭 하고 튀어나온다. “이십오 리 산길 끝 또 한 번의 빙하 태산/ 빙하야 그냥 빙하 남극이니 당연 빙하 / 모레노 빙하를 본 격 탄성도 잦아들”(「라구나 토레 빙하」) 때 쉬지 않고 불어 대는 바람은 살을 에이 듯이 날카롭고 매몰차다. 오감을 자극하던 아름다운 도시의 파스텔 빛깔은 온 데 간 데 없고 주위는 오직 산과 바람과 구름뿐이다. 하늘은 또 어떤가? 시시각각으로 변하는 구름 사이로 해가 지고 달이 뜨는 사이 탱고의 본고장 격인 부에노스아이레스로 방향을 잡는다.

저 도도하고 도발적인 아가씨의 입매를 보라
저 근엄하고 고압적인 사나이의 눈매를 보라
버스 안 맞보는 자리 지구 끝의 사람들

황갈색 바닷물 건너 보라색 꽃 피는 나무
바나나껍질 툭 까서 내던지며 길 가는 사람
버스 안 아랑곳없이 키스에 열중인 남녀

지유분방 제멋대로 남이야 뭐를 하든
날씨도 뜨건 나라 탱고 리듬 그래선가
아르헨 정열의 수도 나 날아와 보느니

—「부에노스아이레스 1」 전문

여행자는 남미의 흥겨운 정서와 탱고는 떼어 놓고 생각할 수 없다는 듯 “저 도도하고 도발적인 아가씨의 입매를 보라/ 저 근엄하고 고압적인 사나이의 눈매를 보라”면서 “버스 안 아랑곳없이 키스에 열중인 남녀" "자유분방 제멋대로 남이야 뭐를 하든/ 날씨도 뜨건 나라 탱고 리듬"처럼 독특한 문화를 온몸으로 느끼면서 수도에 첫발을 내 디딘다. "내가 대신 내겠다 아니 그냥 내려라/ 한 여성과 버스 기사의 기막힌 실랑이"에 놀라고 "공항에서 숙소까지 버스를 탄 일행 여섯"이 "멋모르고 올라타고 현금요금 내려하자/ 표 사서 탑승해야 할 규정에 어긋난다며" 내리라는 말에 당황한다. 그것이 이 나라 민도이고 미덕이면 "이방인을 배려하여 차비를 내려거나/ 차라리 요금은 공짜 그냥 내리라거나"(「부에노스아이레스 2」)면서 조크를 던지기도 한다. "도둑이 하 많다는" 시내에서는 "에누리 성큼 해주고 엄지 척 올려 세우는" 그들을 보고 "유순하고 다정다감한 사람들"(「부에노스아이레스 3」)이라는 사실을 확인하고 레꼴레따 묘역으로 향한다. "한 시대를 풍미했던 영부인 에바 페론"(「에바 페론」)을 만나기 위해서이다.

시골 빈민층의 사생아로 태어나 남자들 품을 전전하는 삼류배우에서 국민의 사랑을 받는 퍼스트레이디가 되었던 그녀, 선동가·정치가·봉사자로서 국민들로부터 존경받았던 그녀는 34세의 짧은 생애를 마감했다. "레꼴레따 묘역 한켠 돌집 하나 차지하고/ 치장은 한낮의 햇살 미소로만 자애하며" 누웠다. 여행자는 "Don't cry for me Argentina. The truth is I never left you...(나를 위해 울지 말아요 아르헨티나. 나는 그대를 떠나지 않아요...)"로 유명한 뮤지컬 주인공 '에비타'(에바 페론 애칭)의 드라마틱한 인생사를 통해 아르헨티나의 현대사가 유유히 흘러가고 있음을 느낀다. "정결한 맺음새에서 영원할 이름이여" "한 생의 영욕이저 첨탑을 낮췄어도/ 이 뭔가, 쓰잘 데 없이 돌벽이나 쌓아놓"(「에바 페론」)는 그녀에 대한 평가는 엇갈리지만, 대중들은 아직도 그녀를 그리워하고 성녀로 추앙한다며, 「국립미술관 성처녀 흉상」 앞에서 "그대 성스런 눈길에 붙박이고자// 발자취 비켜 지우고 경건히 서있습니다//

이제야 삿된 생각이 죄인 줄을 압니다"라고 경건하게 참회하거나 성찰한다.

부에노스아이레스를 떠나는 날 아침 "뜨건 밥에 김치에 소고기국"을 주면서 "맛은 없어도 든든하게 드셔야 합니다"라는 "삼촌네 안동 할머니 엄마 같으신 말씀"(「삼촌네 민박 안동 할머니」)에 울컥하며 이구아수 폭포로 방향을 잡는다. 그리고 마침내 이구아수 앞에 선 여행자의 첫 소감은 "물과 물의 대반란 저 궁극의 블랙홀/ 악마의 선연함도 불타는 듯한 목구멍/ 쏟아져 한없이 마냥 너를 잡아 앉히리이다"라고 탄성을 터트린다. 거대한 자연에 맞서 잡아 앉힐 수 없기에 가슴에 영원히 담아두겠다는 것이다. "물이 흘러 사람 흘러 이구아수 여기 흘러/ 어쩌랴 유한의 흐름 나 돌아갈 설운 흐름"(「악마의 목구멍—이구아수 폭포 2」)에 순응하면서 아르헨티나의 마지막 여정을 접고 양탄자는 이웃 나라 우루과이로 날아오른다.

8. 우루과이·파라과이·브라질 기행시편–긍휼히 보듬으셔!

양탄자는 남미 국가 중 국민소득이 가장 높고, 사회보장제도가 가장 잘 정비된 국가로 손꼽히는 우루과이의 수도 몬테비데오로 가는 중이다. "오로지 대평원에 숲이요 밭일 뿐/ 황금빛 밀밭 따라 수수 만만 가축하며/ 옥수수 이랑 멀리에 조는 듯 앉은 농가// 산 하나 있을까 보냐 두꺼운 햇살 아래/ 물 넉넉 푸른 비옥토 구름은 어디에 있나/ 단연코 지상의 낙원 미루나무 저 길 끝"(「구름은 어디에 있나—우루과이 1」)에 몬테비데오가 있다면서 "우루과이 라운드 그 곤혹의 땅에" 선다. "도시는 주춤주춤 낡은 기침을 토하며/ 걸인을 방치한 채로 비둘기를 살찌"(「몬테비데오 1—우루과이 2」)우는 거리의 이미지를 접고, "넓은 거리 창연한 건물/ 영웅들의 광장 지나// 비탈진 뒷골목에/ 한국식당 명가 간판"(「몬테비데오 2—우루과이 3」)을 발견한 자부심에 잠시 고국을 생각하고, 바쁘게 떠나야 하는 여행자의 발걸음이 무겁다. 그러나 길은 떠나야 하는 것이다.

파라과이는 이구아수 폭포를 사이에 두고 강대한 브라질과 아르헨티나의 틈바구니에 위치해 장기 독재자들의 지배 폐해가 가장 심했던 비극적인 역사를 갖고 있는 나라, 여행자는 지금 국경 없는 도시 페드로후안 까발레로에 서 있다. 파라과이와 브라질 사이에 있는 허름한 길로 국경이 구분되는 곳이지만, 자유롭게 국경을 넘나들 수 있으며, 파라과이 쪽 길가엔 저가형 전자제품을 파는 상인들이 즐비하다. "중무장 경비대가 국경을 서성여도/ 마음껏 오고 가라 검색도 없는 나라/ 부산한 읍내 장처럼 싸구려에 고가품// 아재요 아지매요 옷가게에 줄을 서고/ 입맛을 알았음인가 마늘꾸러미 내미는/ 이런 삶 우리 기적이 이 나라의 내일이길"(「파라과이」) 기원하면서 마지막 기착지 브라질 땅을 밟는다.

이구아수 폭포 인근 파라과이, 아르헨티나와의 브라질 국경도시인 포스 도의 한 호텔에 여장을 푼다. "달포의 먼 길을 돌아 발품 저린" 아침에 비바람이 몰아치고, 길가에 늘어선 가로수들이 그리움처럼 서 있다. "호텔 여직원의 맵시 찬 친절에서"(「범죄 이미지」) 고정된 이미지를 말끔히 씻고, 이 땅에 뿌리 내리고 정착한 교포들의 "상파울 최고급 식당 포고디숑 거한 만찬"(「개성동문회」)에 초대되어 밤 깊도록 회포를 푼다. 그리고 상파울에서 "불편한 몸을 하고/ 공항 환영도 눈물겨운데" "큰 지갑도 다 비우"(「상파울 사장 김영호」)는 선배의 마음에 감사하고, 교민의 변호를 위해 은퇴를 미루었고 "낯선 여행 친구들"(「변호사 김규열」)보호를 위해 동분서주 애써준 김규열 변호사의 따뜻한 환송을 뒤로 하고, "윗선이 부패하여/ 아랫선에 눈을 감고// 아래는 또 그 아래 / 범죄와 결탁한다는" 브라질에 대한 편견에 대해 "아닌걸,/ 제격의 도시/ 제격의 저 사람들"(「상파울」)이라면서 그 편견을 불식시키면서 「리우 예수상」을 찾는다. 여행자는 예수상 앞에서 지난 동안 쉼 없이 달려온 날들을 회상하면서 경건한 마음으로 기도를 한다. "높여 세운 사람들을/ 긍휼히 보듬으셔// 해년의/ 일천만 경배/ 오늘은 구름 위에 // 하 먼 길/ 무건 발품을/ 내려놓고"(「리우 예수상」) "남대서양/ 코파카바나해변"에서 십이월의 수영을 즐기며 "이 나라 마지막을/ 나신으로 품어 안고// 돌아가/ 한평생 여일/ 풀어 풀어 나 따뜻할"(「코파카바나 해변」) 추억을 가슴 깊이 새기며 남미 대장정의 길을 마무리한다. 여행자는 힘들고 고된 그 대장정을 「중남미 여행 사십오 일의 대미」에서 이렇게 밝힌다.

> 돌아간다 집으로 별처럼 멀리 와서
> 중남미 아홉 개 나라 사막에서 밀림에서
> 오려나 손꼽던 오늘 집으로 돌아간다

9. 시인의 발사국은 바람에 지워지고

지금까지 마법의 양탄자를 타고 여행자가 밟았던 길을 따라 숨결을 느끼고, 땀 냄새를 맡으려고 노력했다. 일정의 많은 행간을 다 읽을 수는 없었지만, 다른 세상으로의 여행을 꿈꾸는 자가 되어 9개국의 국경을 넘나들었다. 둥근 지구에 끝이 있을 수 없지만, 여행자가 밟은 각 나라 미지의 영역을 확인하고 싶었다. 지구가 하나의 문화권으로 묶이고, 모든 일이 실시간으로 공유되는 이 시대에 세련된 도시로의 여행, 인류의 지혜를 엿볼 수 있는 역사 속으로의 여행, 풍요로운 문화의 향연을 즐기는 여행까지 촘촘하게 그 행간을 읽으려고 했다. 특히 미지의 세계 여행 내내 도사리고 있는 위험 속에서 45일을 살아낸 것만으로도 성취감이 밀려올 것이다. 여행자는 그 성취감이 좋아서, 그 성취감을 끝없이 느끼고 싶어서 용기를 내 떠났던 것은 아닐까. 「여행가의 꿈」에서 밝히듯 "평생 꿈을 꿀까 지금 떠날까의 나/ 서슴없이 결행하면 길 자연 열린다는" 그 결행, "가서 보고 가서 듣고 가서 느끼고 배워/ 세계만방 인류 공영 한 알 씨앗 움이"되는 그 마음으로, "우르르 꽝 천둥소리로 무너져 내리는 빙하/ 나 분명 여기 서서 보고 듣고 있음인가/ 반백 년 여행을 꿈꾼 이 남미의 오늘에" 서서 지난 세월 그냥 흘려보낸 시간들, 그리고 여행 중에 만난 소중한 시간들을 생각할 것이다. 그리고 일상의 삶으로 복귀한 지금 헛된 시간들을 흘려보내고 있는 것은 아닌지 되돌아 볼 것이다. 여행자가 밟았던 땅, 만났던 사람, 느꼈던 대자연 등 오래지 않아 시인의 발자국은 바람에 지워질 것이다. 아니 여행 중에 만났던 수많은 사람들의 얼굴들도 잊힐 것이다. 그러나 그것들은 다시 여행자의 가슴에 새 모습으로 새 그림자를 드리울 것이다.

별처럼 멀리 와서

2017년 8월 20일 초판 인쇄
2017년 8월 25일 초판 발행

지은이 / 서석조
발행인 / 강석호

발행처 / 도서출판 교음사
편집 / 隨筆文學社 出版部

03147 ·서울 종로구 삼일대로 457 수운회관 1308호
Tel (02) 737-7081, 739-7879(Fax)
e-mail : gyoeum@daum.net
등록 / 제300-2007-52호

* 잘못된 책은 교환해 드립니다. 값 15,000원

이 도서의 국립중앙도서관 출판예정도서목록(CIP)은 서지정보유통지원시스템 홈페이지 (http://seoji.nl.go.kr)와 국가자료공동목록시스템(http://www.nl.go.kr/kolisnet)에서 이용하실 수 있습니다. (CIP제어번호 : CIP2017020537)

ISBN 978-89-7814-709-5 03810

후원

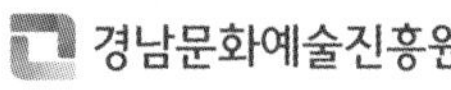

문화체육관광부